中国古代楼阁

韩 霞 编著

中国商业出版社

图书在版编目（CIP）数据

中国古代楼阁／韩霞编著．——北京：中国商业出版社，2015.10

ISBN 978-7-5044-8587-8

Ⅰ.①中… Ⅱ.①韩… Ⅲ.①楼阁-古建筑-介绍-中国 Ⅳ.①K928.74

中国版本图书馆 CIP 数据核字（2015）第 229212 号

责任编辑：刘树林

中国商业出版社出版发行
010-63180647　www.c-cbook.com
（100053 北京广安门内报国寺 1 号）
新华书店经销
三河市同力彩印有限公司印刷
*
710 毫米×1000 毫米　16 开　12.5 印张　200 千字
2015 年 11 月第 1 版　2019 年 4 月第 2 次印刷
定价：25.00 元
*　*　*
（如有印装质量问题可更换）

《中国传统民俗文化》编委

主　编	傅璇琮	著名学者，原国务院古籍整理出版规划小组秘书长，清华大学古典文献研究中心主任教授，原中华书局总编辑
顾　问	蔡尚思	著名历史学家，中国思想史研究专家
	卢燕新	南开大学文学院副教授
	王永波	四川省社会科学院文学研究所副研究员
	叶　舟	中国思维科学研究院院长，清华大学、北京大学特聘教授
	于春芳	北京第二外国语学院教授
	杨玲玲	西班牙文化大学文化与教育学博士
编　委	陈鑫海	首都师范大学中文系博士
	李　敏	北京语言大学古汉语古代文学博士
	赵　芳	出版社高级编辑，曾编辑出版过多部文化类图书
	韩　霞	山东教育基金会理事，作家
	陈　娇	山东大学哲学系讲师
	吴军辉	河北大学历史系讲师
	石雨祺	出版社高级编辑，曾编辑出版过多部历史类图书
	王　欣	全国特级教师
策划及副主编	王　俊	

序 言

中国是举世闻名的文明古国，在漫长的历史发展过程中，勤劳智慧的中国人，创造了丰富多彩、绚丽多姿的文化，可以说人创造了文化，文化创造了人。这些经过锤炼和沉淀的古代传统文化，凝聚着华夏各族人民的性格、精神、智慧，是中华民族相互认同的标志和纽带，在人类文化的百花园中摇曳生姿，展现着自己独特的风采，对人类文化的多样性发展做出了巨大贡献。中国传统民俗文化内容广博，风格独特，深深地吸引着世界人民的眼光。

正因如此，我们必须深入学习贯彻党的十八届三中全会精神，按照中央的要求，加强文化建设。2006年5月，时任浙江省委书记的习近平同志就已提出："文化通过传承为社会进步发挥基础作用，文化会促进或制约经济乃至整个社会的发展。"又说："文化的力量最终可以转化为物质的力量，文化的软实力最终可以转化为经济的硬实力"。(《浙江文化研究工程成果文库总序》)2014年他去山东考察时，又再次强调：中华民族伟大复兴，需要以中华文化发展繁荣为条件。

学习习近平同志的重要讲话，确可体会到，在政治、经济、军事、社会和自然要素之中，文化是协调各个要素协同发展、相关耦合的关键。正因为此，我们应该对华夏民族文化进行广阔、全面的检视。我们应该唤醒我们民族的集体记忆，复兴我们民族的伟大精神，发展和繁荣中华民族的优秀文化，为我们民族在强国之路上阔步前行创设先决条件。

实现民族文化的复兴,更必须传承中华文化的优秀传统。现代的中国人,特别是年轻人,对传统文化十分感兴趣,蕴含感情。但当下也有人对具体典籍、历史事实不甚了解。比如说,中国是书法大国,谈起书法,有些人或许只知道些书法大家如王羲之、柳公权等等的名字,知道《兰亭集序》是千古书法珍品,仅此而已。再比如说,我们都知道中国是闻名于世的瓷器大国,中国的瓷器令西方人叹为观止,中国也因此而获得了"瓷器之国"(英语 china 的另一义即为瓷器)的美誉。然而关于瓷器的由来、形制的演变、纹饰的演化、烧制等等瓷器文化的内涵,就知之甚少了。中国还是武术大国,然而国人的武术知识,或许更多地来源于一部部精彩的武侠影视作品,对于真正的武术文化,我们也难以窥其堂奥了。我国还是崇尚玉文化的国度,我们的祖先,发现了这种"温润而有光泽的美石",并赋予了这种冰冷的自然物以鲜活的生命力和文化性格,例如"君子当温润如玉",女子应"冰清玉洁""守身如玉";"玉有五德",即"仁""义""智""勇""洁",等等。今天,熟悉这些玉文化内涵的国人,也为数不多了。

也许正有鉴于此,有忧于此,近年来,已有不少有志之士,开始了复兴中国传统文化的努力,读经热开始风靡海峡两岸,不少孩童乃至成人,开始重拾经典,在故纸旧书中品味古人的智慧,发现古文化历久弥新的魅力。电视讲坛里一波又一波对古文化的讲述,也吸引着数以万计的人们,重新审视古文化的价值。现在放在读者眼前的这套"中国传统民俗文化丛书",也是这一努力的又一体现。我们现在确应注重研究成果的学术价值和应用价值,充分发挥其认识世界、传承文化、创新理论、咨政育人的重要作用。

中国的传统文化内容博大,体系庞杂,该如何下手,如何呈现?这套丛书处理得可谓系统性强,别具心思。编者分别按物质文化、制度文化、精神文化等方面来分门别类地进行组织编写,例如在物质文化的层面,就有中国古代纺织、中国古代酒具、中国古代农具、中国古代青铜器、中国古代钱币、中国古代石刻、中国古代木雕、中国古代建筑、中国古代砖瓦、中国古代玉器、中国古代陶器、中国古代漆器、中国古代桥梁，等等。

在精神文化的层面，就有中国古代书法、中国古代绘画、中国古代音乐、中国古代艺术、中国古代篆刻、中国古代家训、中国古代戏曲、中国古代版画，等等；在制度文化的层面，就有中国古代科举、中国古代官制、中国古代教育、中国古代军队、中国古代法律，等等。

此外，在历史的发展长河中，中国各行各业还涌现出一大批杰出的人物，至今闪耀着夺目的光辉，启迪后人，示范来者。对此，这套丛书也给予了应有的重视，中国古代名将、中国古代名相、中国古代名帝、中国古代文人、中国古代高僧，等等，就是这方面的体现。

生活在21世纪的我们，或许对古人的生活颇感好奇，他们的吃穿住用如何？他们如何过节？如何安排婚丧嫁娶？如何交通？孩子如何玩耍？等等。这些饶有兴趣的内容，这套中国传统民俗文化丛书，都有所涉猎，例如中国古代婚姻、中国古代丧葬、中国古代节日、中国古代风俗、中国古代礼仪、中国古代饮食、中国古代交通、中国古代家具、中国古代玩具、中国古代鞋帽，等等，这些书籍介绍的，都是人们深感兴趣，平时却无从知晓的内容。

在经济生活的层面，这套丛书安排了中国古代农业、中国古代纺织、中国古代经济、中国古代贸易、中国古代水利、中国古代车马、中国古代赋税等等内容，足以勾勒出古人经济生活的主要内容，让今人得以窥见自己祖先曾经的经济生活情状。

在物质遗存方面，这套丛书则选择了中国古镇、中国古楼、中国古寺、中国古陵墓、中国古塔、中国古战场、中国古村落、中国古街、中国古代宫殿、中国古代城墙、中国古关等内容。相信读罢这些书，喜欢中国古代物质遗存的读者，已经能大致掌握这一领域的大多数知识了。

除了上述内容外，其实还有很多难以归类却饶有兴趣的内容，例如中国古代乞丐这样的社会史内容，也许有助于我们深入了解这些古代社会底层民众的真实生活情状,走出武侠小说家们加诸他们身上的虚幻不实的丐帮色彩,还原他们的本来面目,加深我们对历史真实的了解。继承和发扬中华民族几千年创造的优秀文化和民族精神是我们责无旁贷的历史责任。

不难看出,单就内容所涵盖的范围广度来说,有物质遗产,有非物质遗产,还有国粹。这套丛书无疑当得起"中国传统文化的百科全书"的美誉了。这套书还邀约了大批相关的专家、教授参与并指导了稿件的编写工作。应当指出的是,这套书在写作中,既钩稽、爬梳大量古代文化文献典籍,又参照近人与今人的研究成果,将宏观把握与微观考察相结合。在论述、阐释中,既注意重点突出,又着重于论证层次清晰,从多角度、多层面对文化现象与发展加以考察。这套丛书的出版,有助于我们走进古人的世界,了解他们的美好生活,去回望我们来时的路。学史使人明智,历史的回眸,有助于我们汲取古人的智慧,借历史的明灯,照亮未来的路,为我们中华民族的伟大崛起添砖加瓦。

是为序。

傅璇琮

2014年2月8日

前 言

　　我国古代楼阁有着悠久的历史与精湛的建造技术，在世界建筑史上占有重要的地位。同时，楼阁也是我国古建筑中一种重要的类型，是我国政治、经济、军事、文化发展到一定程度的产物，当然也是我国优秀传统文化遗产的重要组成部分。

　　我国现存的古代名楼遍布全国各地，数量众多，类型多样。这些名楼大致可分为用来进行军事防御的城楼，报时用的钟鼓楼，供神祭神的楼阁，倡导文教、提倡文风的楼阁，观景、赏景的楼阁及藏书楼等诸多类型。许多优秀楼阁现在仍然向社会开放，在传承我国传统文化、促进经济发展和社会进步等方面发挥着重要作用，有些楼阁甚至成为一个地区、一座城市的标志性建筑，为其他建筑物所不可替代。

　　楼，是我国古代的经典建筑。碧瓦飞檐，雕梁画栋，巍峨高耸。登楼远眺，上视苍天，下观四野，明见八方。广大城乡中的公园楼和旅游风景胜地的赏景楼，都建在绿水青山、风光秀美之处，或临江，或傍湖，或高地，登楼上可眺全城，自然成为文人骚客登临雅集之所。他们兴趣盎然，或赋诗，或填词，还留下许多名传千古的诗文佳作。

　　中国古代多在临水之地建楼，取凭高远眺极目无穷之妙，达官显贵文人墨客登楼酬唱应和，名诗佳作世代流传，历史遗迹赖以成名而经历代维护复建。中国古代的名楼是中国古建筑的文化精髓，是中华民族优秀文化传统的重要组成部分。在中国社会发展的每个时期的楼体建筑风格，都与其时代特点和文化科学技术的革新与进步密切相关，从而形成了不同时代的建筑特点。不同时期的文化孕育出各具特色的建筑风格，文化成为古楼体建筑创作的主要源泉。

为保护和弘扬我国古代名楼的优秀传统文化，向广大读者介绍我国古代名楼悠久的历史与独具特色的建筑艺术，本书收录我国古代名楼100余座，数量之多、种类之全、范围之大、地域之广，堪称集中华名楼之大成，我们愿以此敬献给广大读者。本书从我国古代楼阁的发展历程、建筑艺术、作用及种类等方面，进行了概括的叙述，以使广大读者对其有一个大致的了解，且有助于阅读本书。就每一座名楼而言，我们力求以简洁流畅之笔，写出其建筑艺术、历史沿革、历史地位、历史事件、文化典故等内容。对于我们今天，无论是研究、传承抑或建设，都有学习、参考和借鉴的价值与意义。

目录

第一章 中国古代楼阁漫谈

第一节 古代楼阁的概念与类型 …………………………… 2
楼阁建筑概述 …………………………………………… 2
楼阁的概念 ……………………………………………… 4
古代楼阁的建筑类型 …………………………………… 7

第二节 古代楼阁的功用与特点 …………………………… 13
古代楼阁的功能和用途 ………………………………… 13
古代楼阁的建筑特点 …………………………………… 16
古代楼阁的构思与布局 ………………………………… 17

第二章 华东地区古楼

第一节 浙江古楼 …………………………………………… 22
杭州西湖望湖楼 ………………………………………… 22
嘉兴烟雨楼 ……………………………………………… 23
杭州西湖楼外楼 ………………………………………… 26
杭州吴山城隍阁 ………………………………………… 28

宁波鼓楼 …………………………………… 30
　　宁波天一阁藏书楼 ………………………… 32
　　杭州文澜阁 ………………………………… 34

第二节　江苏古楼 …………………………… 37
　　南京下关阅江楼 …………………………… 37
　　南京莫愁湖胜棋楼 ………………………… 41
　　南京中山陵藏经楼 ………………………… 42
　　苏州虎丘得月楼 …………………………… 45

第三节　江西古楼 …………………………… 47
　　江西南昌滕王阁 …………………………… 47
　　九江琵琶亭 ………………………………… 52
　　九江浔阳楼 ………………………………… 54

第四节　山东古楼 …………………………… 56
　　烟台蓬莱阁 ………………………………… 56
　　聊城光岳楼 ………………………………… 60
　　济宁太白楼 ………………………………… 62
　　曲阜奎文阁 ………………………………… 64
　　聊城山陕会馆戏楼 ………………………… 68

第三章　华中与华南古楼

第一节　湖南古楼 …………………………… 72
　　洞庭湖畔岳阳楼 …………………………… 72
　　岳麓山上爱晚亭 …………………………… 75

第二节　湖北古楼 ·················· 77
　　武汉黄鹤楼 ·················· 77
　　汉阳晴川阁 ·················· 81

第二节　河南古楼 ·················· 84
　　濮阳玉皇阁 ·················· 84
　　开封矾楼 ···················· 85

第三节　广东与广西古楼 ············ 87
　　普宁文昌阁 ·················· 87
　　广州镇海楼 ·················· 89
　　广西容县真武阁 ·············· 90

第四章　华北古楼

第一节　北京古楼 ·················· 94
　　故宫文渊阁 ·················· 94
　　颐和园佛香阁 ················ 97
　　颐和园宝云阁 ················ 97
　　紫禁城角楼 ·················· 100
　　北京钟楼 ···················· 101
　　北京鼓楼 ···················· 103
　　恭王府戏楼 ·················· 105
　　天安门城楼 ·················· 106
　　正阳门城楼 ·················· 109
　　德胜门箭楼 ·················· 110
　　故宫午门城楼 ················ 112

第二节　河北古楼 ……………………………………… 113
宣化清远楼 ……………………………………… 113
山海关澄海楼 …………………………………… 115
承德普宁寺大乘之阁 …………………………… 118
承德避暑山庄烟雨楼 …………………………… 119

第三节　天津古楼 ……………………………………… 122
蓟县独乐寺观音阁 ……………………………… 122
天津鼓楼 ………………………………………… 123

第四节　山西古楼 ……………………………………… 125
大同鼓楼 ………………………………………… 125
平定娘子关城楼 ………………………………… 126
蒲州鹳雀楼 ……………………………………… 127
万荣东岳庙飞云楼 ……………………………… 130
许昌春秋楼 ……………………………………… 131

第五章　西南地区古楼

第一节　云南古楼 ……………………………………… 134
昆明大观楼 ……………………………………… 134
巍山星拱楼 ……………………………………… 137
建水朝阳楼 ……………………………………… 140

第二节　四川与重庆古楼 ……………………………… 142
绵阳越王楼 ……………………………………… 142
成都崇丽阁 ……………………………………… 144
重庆忠州石宝寨层楼 …………………………… 145

第三节　贵州古楼 …… 147

贵阳甲秀楼 …… 147
贵阳文昌阁 …… 148
贵阳侗寨鼓楼 …… 149

第六章　西北与东北地区古楼

第一节　陕西古楼 …… 154

榆林万佛楼 …… 154
西安鼓楼 …… 156
西安钟楼 …… 160
大荔岱祠楼 …… 162
丹凤县花庙戏楼 …… 165
榆林鼓楼 …… 167
汉中望江楼 …… 169

第二节　甘肃古楼 …… 171

张掖镇远楼 …… 171
永昌钟鼓楼 …… 173
嘉峪关城楼 …… 174

第三节　辽宁古楼 …… 176

沈阳故宫文溯阁 …… 176
沈阳故宫凤凰楼 …… 178

参考书目 …… 181

第一章

中国古代楼阁漫谈

　　中国古代的名楼是中国古建筑的文化精髓,是中华民族优秀文化传统的重要组成部分。在中国社会发展的每个时期的楼体建筑风格,都与其时代特点和文化科学技术的革新与进步密切相关,从而形成了不同时代的建筑特点。不同时期的文化孕育出各具特色的建筑风格,文化成为古楼体建筑创作的主要源泉。

第一节
古代楼阁的概念与类型

楼阁建筑概述

楼阁是我国古代的一种传统建筑,"楼,重房也";"阁,楼也"。意思就是说,楼阁一般都是两层或两层以上的建筑,且都以木质为主要建筑材料。在我国古代,不管是佛、道、儒这些宗教门派,还是皇家贵族,都把楼阁看作是神圣、尊贵和威严的象征。在修建的众多楼阁中用于观景、赏景的楼阁很多,也分布很广,南方有,北方也有,但以南方居多。这些楼阁一般临水而建,波光粼粼,湖光山色,景色秀美。所以,这些楼阁也是文人雅士们的汇聚之所,许多文学名篇也因这些楼阁而诞生,而这些楼阁也因这些文章的流传而声名远扬。

自古以来,楼一直是人类的居住场所。中国古建筑历史悠久,且包藏很多谜团,吸引着人们不断对其研究探索。从古至今,楼阁这种建筑形式经历了无数个朝代,从简朴到繁琐,从单一到群体,都显示了楼阁是建造庭院必不可少的要素。

五千年的中华古老文化灿烂而悠远,陶瓷、青铜、四大发明等都是经典的代表,中国的建筑也是中国人引以为豪的中华文明的象征。中国自古就使用木材造院建宅。各民族由于不同的地域、血统、人文、气候以及由于时间的推移而养成的习惯,使得各自的民族分别用不同的方法来表达自我欣赏的观念。建筑更是这样,它是人们每天居住的地方,人们建造它,它同时也在不断影响着人们,因此中国古代的建筑场所虽然在不同的朝代各有特色,但其精髓却是一脉相承的。

以木构架为主的中国古代建筑,包括宫殿坛庙、宅园民居、寺庙道观、祠堂陵墓等。木构架建筑技术体系完备,独树一帜。因此,我国古代建筑在艺术与技术两方面均具有独特的成就,享誉世界。

佛香阁

楼阁是两层以上金碧辉煌的高大建筑，可以供游人登高远望，休息观景；还可以用来藏书供佛，悬挂钟鼓。在我国，著名的楼阁有很多，如临近大海的山东蓬莱阁、北京颐和园的佛香阁、江西的滕王阁、湖南的岳阳楼、湖北的黄鹤楼等。

古往今来，历朝历代，上至真命天子，下到州官县府，都喜欢修建楼阁。中国古代的楼阁，或用来纪念大事，或用来宣扬政绩，或用来镇妖伏魔，或用来求神拜佛。

楼阁的概念

楼阁是一种高大显赫的建筑，是我国古建筑中一种重要的类型。

周至楼观台

第一章 中国古代楼阁漫谈

古人认为："仙人好楼居"。因此，崇拜神仙、意欲通过修炼而成为神仙的道家对楼阁建筑另有一种情感。相传公元前11世纪西周康王执政时期，函谷关令尹喜为迎候神仙降临，在终南山北麓修建了一座草楼，也就是位于今天陕西的周至楼观台。传说这是我国第一座道观楼观台，因以草所建，又称草楼观。直至现在，陕西周至楼观台，仍是我国一处道教圣地。

我国历代帝王及地主豪绅等很看重楼阁这种建筑形式，认为高大的楼阁最能体现他们的尊严、权势和财富，因此纷纷大造楼阁。传说黄帝修了12楼，而秦朝时皇家修建齐云楼，汉武帝刘彻修筑井干楼。据说井干楼以大木构成，高达50余丈，雄伟壮观，在那时称得上是摩天大楼了。

那么，什么样的建筑称为楼？什么样的建筑称为阁呢？

楼一般指两层以上的房屋。《说文解字》解释："楼，重屋也。"即是此意。另外，高台式建筑的上部结构也称为楼，如钟楼、鼓楼、城楼、角楼、箭楼等。而阁的解释正如《尔雅》中所称："阁，楼也。"一般也是两层或两层以上的多层建筑，如北京颐和园佛香阁、天津蓟县独乐寺观音阁、河北承德避暑山庄文津阁、四川成都崇丽阁等。

楼与阁从结构上来说，楼必须是"重屋"，是两层或两层以上的建筑；而阁有一层的，可以不是"重屋"，如北京颐和园宝云阁就只有一层，全部以铜铸成，俗称铜亭。

一般来说，有3种建筑物可以称为楼。一是城门、城墙上的建筑物，如城楼、箭楼、阙楼、闸楼、角楼、敌楼等；二是具有报时功能的建筑物，如钟楼、鼓楼；三是可以用来观景、瞭望的建筑物，如望海楼、望江楼、烟雨楼、大观楼等。而用作存书、供佛、倡导文教的建筑物一般称为阁，如天一阁、文渊阁、文津阁、观音阁、普贤阁、文殊阁、文昌阁、魁星阁等。当然也不能一概而论，如佛教寺庙中存放经书的建筑物，既有称藏经阁者，又有称藏经楼者。

其实，无论是楼抑或阁，在我国传统建筑中都以木为主要建筑材料。因此，从东汉时期开始，虽然我国高层木构建筑物已很普遍，但早期楼阁建筑物没有保存至今者。而辽、宋以后，特别是明、清时期建造的楼阁式建筑物，至今保存完好的还有不少。其中，最为著名的天津蓟县独乐寺观音阁，兴建于辽代；浙江宁波天一阁，北京正阳门城楼、箭楼，天安门城楼，故宫角楼，山海关东门城楼，西安鼓楼、钟楼，甘肃嘉峪关城楼，广西容县真武阁等建于明代；北京故宫畅音阁，颐和园佛香阁、大戏楼，河北承德烟雨楼、大乘之阁、旭光阁，山西介休袄神楼、万荣飞云楼，云南昆明大观楼，贵州贵阳甲秀楼，四川成都崇丽阁等建于清代；而湖北武汉黄鹤楼、江西南昌滕王阁、河北山海关澄海楼等，则在20世纪80年代按过去式样进行了重修。这些楼阁，无论是历史遗物还是今所重修，体量都很高大、显赫，在各自所在的古建筑群中，不是主体建筑就是重要建筑，具有很高的地位。其中，北京颐和园佛香阁、四川成都崇丽阁、云南昆明大观楼、广东广州镇海楼等，都已成为各自所在地区或城市的标志性建筑物。

由此可见，楼阁这种传统建筑的价值之所以能延续至今，正是因为它在不同的时代能被赋予不同的意义：在道家和佛家看来，是庄严而神圣的；在皇家和贵族看来，是尊贵而威严的；在今天的人们看来，它依然是高大、显赫而宝贵的。

知识链接

周至楼观台的美景

楼观台国家森林公园位于西安市南面周至县城东南15公里的终南山北

边，距西安约70公里。楼观台得名于西周，古代圣哲老子曾在此著《道德经》五千言，并在楼南高岗筑台授经。楼观台既有周秦遗迹、汉唐古迹，又有山青水绿的自然风光。古迹主要有老子说经台、尹喜观星楼、秦始皇清庙、汉武帝望仙宫、大秦寺塔以及炼丹炉、吕祖洞、上善池等60余处，是人们避暑度假的理想之地。森林公园始建于1982年，是林业部最早批建的全国十二个森林公园之一，也是西北地区首家森林公园。1992年被林业部定为国家级，1997年被评为"西安市十大景观之一"。公园规划为东楼观、西楼观、田峪观、首阳山四个游园，12个景区，200余处景点，是人文、自然、森林景观融合俱佳的旅游胜地。有40里峡一线天、野牛河高山瀑布、旺子沟古溶洞、首阳山五彩壁石及仰天池、洞宾泉、龙王潭等自然景观；有光头山草甸、高山云冷杉、杜鹃天然林，数千亩人工竹林等森林景观；垂直带谱明显，季相变化万千。

古代楼阁的建筑类型

我国古代楼阁建筑类型很多，可以用多种方法进行分类。从建筑材料上分，有纯木构楼阁、砖木混筑楼阁、石筑楼阁、砖石混筑楼阁及金属铸造的楼阁等；从构造上分，有高台式建筑、多层木构楼阁建筑等；从外形上分，有呈正方形或长方形的楼阁，有呈圆形的楼阁，有呈十字形、六角形、八角形的楼阁，还有四方形和八角形交叠一起的复合形楼阁等；也可从楼层数量上分，有所谓二层楼、三层楼、四层楼、五层楼等。本书按其主要用途对我国现存古代楼阁进行大致分类。

1. 防御性楼阁

军事防御性楼阁建筑，在我国楼阁中所占比例较大，多属于高台式，包括城楼、箭楼、城墙拐角处的角楼（故宫角楼除外）及长城城墙的敌楼等。

古人很讲究城防建设，城门楼兼有控制行人出入和军事防御的双重功能，因此人们十分重视城门楼的修建。以明、清两朝都城北京来说，它拥有外城、内城、皇城3圈城墙，每圈城墙上分别辟有城门并有"内九外七皇城四"的说法。就是在内城设有9座城门，外城设有7座城门，皇城设有4座城门。每座城门上都修有高大的城楼，如天安门城楼就是昔日皇城的南城门。

城门楼和厢楼、敌楼一样，都属于高台式建筑。城门楼高大雄伟、坚固

北京正阳门城楼

结实，高高地耸立于城台上。例如，西安南城门，包括城楼、箭楼、闸楼3座高大城楼，并在城楼和箭楼之间、箭楼和闸楼之间，分别建有两座瓮城。北京正阳门是明、清时期北京城内城的南正门，由城楼、箭楼和两座楼之间的瓮城组成。而山海关东城门迎敌一面，城台高大，城楼雄伟，城门外还筑有一圈城墙，形成一个瓮城。由于没有修箭楼，所以城楼开间大，两侧和向外的一面都设有箭窗，将城楼的特点与功能合为一体。

与城门楼相比，角楼则完全用于军事防御，兼有瞭望、监视敌情的功能。其构造与功能和箭楼大体相同，只因处于城墙拐角处，形式也较为特殊。

而长城城墙上的敌楼则以城墙为基台，呈方形，一般为2层或3层。上层四周修有垛墙，辟有瞭望口和射箭孔；中间修铺房，以供守卒住宿。这种敌楼建于明代，为抗倭名将戚继光所创造。

四川省阿坝藏族羌族自治州汶川、茂县、理县、马尔康等地的羌族、藏族村寨中建有碉楼，一般为石砌方形，高达二三十米。其主要用途，一是用来监视、报告敌情，称为预警碉；二是土司所在地的建筑，象征着权力，也称权力碉。在理县，至今还有一座杂谷土司碉，就属于这类性质的碉楼。当然，权力碉也可用于预警。

2. 报时性楼阁

报时性楼阁即是具有报时功能的楼阁建筑，主要指钟楼和鼓楼。古时的城市中和具有一定规模的寺庙中都有这类楼阁，是我国民族传统文化的一笔宝贵财富。如在四川成都，古代的钟楼和鼓楼虽然没有了，但以其命名的街道至今尚在。

钟楼和鼓楼同城楼、箭楼等一样，也属于高台式建筑。有的钟楼、鼓楼还在高台下辟有门洞，兼有过街楼的作用，如西安的钟楼、鼓楼等。

3. 藏书楼与藏经阁

古人很注意书籍资料的收藏和保存，因此很重视藏书楼的修建。2000多年前汉代修建的天禄阁和石渠阁，就是著名的藏书楼。

在古代，不仅官府修建藏书楼，一些喜好书籍又有条件的个人，也修藏书楼。现在我国保存最好、修建年代最早的藏书楼宁波天一阁，就是一座著名的私家藏书楼。清代为收藏和保存《四库全书》而修建的文渊阁等7座藏书楼，就是按照天一阁的格局设计建造的。

此外，各大寺庙中的藏经楼或藏经阁，都是属于藏书楼性质的建筑。

4. 祭祀性楼阁

供神祭神用的楼阁我国古代建造的不少，且很多至今保存尚好，如观音阁、大悲阁、大乘之阁、真武阁、文殊阁、普贤阁、文昌阁、魁星阁等。这类楼阁几乎遍布全国各地，其体量较大，多是各

广化寺藏经阁

自所在建筑组群中的主体建筑或主要建筑。为容纳高大的佛像或神像，这类楼阁中相当一部分属于空筒式或空井式建筑，内部有很大的空间，装饰往往也很精美。

另外，各地还有许多倡导文教、提倡文风的楼阁，其中供奉着文昌帝或魁星神像，称作文昌阁或魁星阁。这类楼阁也是供神祭神楼阁中的一种，但具有倡导文教的特殊意义。

5. 戏楼

戏楼，或称乐楼，是楼阁建筑中一种重要类型。在我国古时候，连佛寺和道观中都建有乐楼、戏楼，且使用普遍，不光普通的城镇中建有戏楼，昔日皇宫中也建有戏楼。尤其皇宫中的戏楼，不但规模大，而且设计也较为精致。

安徽豪州花戏楼

6. 观赏性楼阁

用以观景、赏景的楼阁分布很广，我国南方、北方都有，尤以南方居多。为便于观赏风景，这类楼阁往往体量较为高大，外部多置平座栏杆，以利眺览。

古时观景赏景楼阁也是文人雅士汇聚之所，许多文学名篇，如王之涣《登鹳雀楼》、王勃《滕王阁序》、崔颢《黄鹤楼》、范仲淹《岳阳楼记》、孙髯翁"大观楼长联"等，都因这类楼阁而诞生。同时，这些楼阁也因这些诗文而声名远播。

观景赏景性楼阁多位于江边、湖边、海边或风景名胜区，其造型美观，本身也成为重要景点。

7. 其他

除上述楼阁外，还有一些楼阁具有特殊用途。如故宫的角楼，虽建在高大的城墙拐弯处，但并不用于军事防御，仅作装饰用。北京觉生寺大钟楼，并不用于供佛，只为悬挂和保护永乐大钟。山西万荣秋风楼虽矗于后土祠内，但也不为供神，而是为保存汉武帝《秋风辞》诗碑所建。又如山西介休袄神楼，兼供神楼、戏楼、庙守山门及过街楼于一体。贵州、广西等地的侗寨鼓楼，既具有报警、集会、议事和娱乐功能，又是人们学习的地方。

第二节 古代楼阁的功用与特点

 古代楼阁的功能和用途

根据前文古代楼阁的功能性分类可知,古代楼阁具有多种功能和用途。

1. 供人居住

楼是一种二层以上的房屋建筑,而阁是传统建筑中楼的一种。它们像所有的房屋一样,可以供人居住。城楼上可以住人,箭楼上可以住人,藏书楼上可以住人,就是修建在长城城墙上的敌楼,不仅能存粮、藏武器,同样也可以住人。在我国,特别是江南民居中,有一种叫走马楼的二层楼房建筑,就是专门用来住人的。古代还有一种被称为秀阁的建筑,那是妇女们居住的地方,苏州拙政园倒影楼就是这样的建筑。可见,凡是楼阁均可住人。

2. 存放物品

例如,长城的敌楼就可以存粮、藏武器,具有相同功能的还有城楼、箭

角楼

楼、角楼、闸楼。而天一阁、文渊阁、文津阁等建筑则专门用来收藏、保存图书和档案。此外,许多佛教寺庙都建有藏经楼或藏经阁,专门用以收藏、保存佛教经书。

 3. 军事防御

瞭望监视敌情,抵御外来入侵者,是城楼、箭楼、闸楼、阙楼、角楼、敌楼、碉楼等建筑的主要用途。因此,这些楼阁大都修建得特别高大结实,有的还增添许多防御设施。

 4. 供神祭神

古时候,由于人们对神非常崇拜,往往会修建高大的楼阁,以供奉祭祀神像。北京雍和宫万福阁、蓟县独乐寺观音阁、承德普宁寺大乘之阁、正定隆兴寺大悲阁、广西容县真武阁、山西运城春秋楼等，均为这类建筑。

5. 钟鼓报时

如果说，日晷和铜壶滴漏是古人的计时器，那么钟和鼓则是古人常用的报时器。而放置钟鼓之所，即是钟楼和鼓楼。古时钟楼和鼓楼建筑非常普遍，北京、西安的钟楼、鼓楼，南京、大同的鼓楼等，就是古代遗存的建筑实物。

山西运城解州关帝庙春秋楼

6. 倡导文教

贵阳甲秀楼、成都崇丽阁、扬州文昌阁及各地修建的魁星阁、文昌阁等，均是这种用途的建筑。

7. 登高观景

这类楼阁古代修建的不少，而今保存完好的还有很多，如浙江嘉兴烟雨楼、昆明大观楼、扬州平远楼等。

8. 休闲娱乐

有这种用途的楼阁主要指戏楼，如北京故宫畅音阁、颐和园德和园大戏楼等。

除了上述几种主要功能和用途外，楼阁还具有其他一些特殊用途，前文已有简略介绍。

古代楼阁的建筑特点

作为一种建筑物，楼阁同时也体现了当时建造者高超的建筑技术与巧妙灵活的构思。

我国的楼阁同其他类型的传统建筑如殿、堂、廊、庑、阙、轩、榭、亭、台等一样，在设计和建造上都遵循坚固、实用、美观的共同原则，同时又具有自己独有的建筑艺术风格特点。

一般来说，城楼、箭楼、敌楼、角楼、钟楼、鼓楼都建于高大城台上，如北京正阳门城楼、德胜门箭楼、故宫角楼、山海关东门城楼、西安城门楼、南京鼓楼、嘉峪关城楼等。

供佛的楼阁中间建为空筒式，以便容纳体量高大的佛像，如天津蓟县独乐寺观音阁、河北承德普宁寺大乘之阁、北京雍和宫万福阁等。

用于登高望远、观景、赏景的楼阁除造型上格外讲究美观，并注意与周围景致协调外，一般楼外均设平座栏杆，以便人欣赏四周景色，如河北承德烟雨楼、江苏扬州平远楼、贵州贵阳甲秀楼、湖北武汉黄鹤楼、江西南昌滕王阁等。

在藏书楼前，如北京故宫文渊阁、河北承德文津阁、浙江宁波天一阁等前面都掘有水池用来防火，以便保护楼体和藏书。

清代修建的皇家戏楼，一般为三层，下有地下室，既可同时演出不同空间的场景，又能大大增强音响效果，北京颐和园德和园大戏楼、故宫畅音阁即是如此。

第一章 中国古代楼阁漫谈

 古代楼阁的构思与布局

我国现存古代楼阁建筑在设计构思上有其独到之处。

1. 布局巧妙

有的楼阁体现了某种特殊而明确的思想,如北京天安门城楼。作为昔日皇宫正门,天安门城楼同其他城楼一样建在高大的城台上,颜色布局上用了红墙、红柱、黄瓦;空间布局上则在楼前、楼后增加了石狮、华表等,使城楼更加庄严雄伟,体现了皇家的尊贵与皇权的威严。又如浙江宁波天一阁、北京故宫文渊阁、河北承德文津阁等,均是我国古代著名的藏书楼。这些藏书楼一层辟为6间,而顶层则是一个大通间。藏书楼的这种结构,因其怕火,古人认为"天一生水","地六成之",表达了"以水克火"的朴素愿望。而用于供佛的河北承德普宁寺大乘之阁,虽然也是耸立于高台之上,但布局与其他楼阁截然不同。阁中供奉一尊高大的观音菩萨像,阁东为日殿,阁西为月殿,四周建有象征四大部洲和八小部洲的建筑物。这种布局形象地展示了以佛为中心,太阳、月亮围绕佛身的藏传佛教宇宙观。天津蓟县独乐寺观音阁高居寺院中心,周围以低矮的廊庑环绕。这种格局同样体现了以佛为中心的佛教思想。

2. 构思新颖

有的楼阁具有罕见而美丽的外形。例如,山西介休袄神楼,前面看是一座过街楼,后面看是一座山门,侧面看则是两座连体楼阁,令人称奇。河北承德普宁寺大乘之阁,正面为6层,两侧为5层,背面却是4层,人称"三

17

真武阁

样楼"。四川成都崇丽阁,共4层,下两层为4角,浑厚庄重;上两层为8面,玲珑小巧。这类建筑形态,是我国北方与南方建筑艺术的巧妙结合。又如北京雍和宫万福阁,左右各有一阁,其间以飞廊相连,状似凤凰展翅。北京故宫角楼、山西万荣飞云楼,下部楼体较为高大,上部层檐折角,山花向外,飞檐凌空,有的还有抱厦(或龟须座),上有十字攒尖屋顶。这种造型,酷似一篮鲜花,令人百看不厌。

3. 设计精巧

有的楼阁具有奇特而科学的构造。例如,天津蓟县独乐寺观音阁,其以两排檐柱支撑,各檐柱及两排檐柱间以短拱和斜撑相连,构成一个完整而富有弹性的屋架。同时,檐柱下端的间距和檐柱的高度比例适度。这样一来,遇到大风或地震袭击时，即使阁顶摇摆幅度达一二米，阁体也不会偏离重心。因此，观音阁千余年来经历了多次大地震，至今安然无恙，堪称奇迹。又如全楼共两层的山西运城解州关帝庙春秋楼，则由上层檐柱承受楼顶全部重量。檐柱上端承重，下端雕为莲瓣状悬于下层，上层所有重量则由下层挑出的横梁转压至下层檐柱上。这种挑梁悬柱的建筑结构，在我国古代大型建筑中极为罕见。而广西容县真武阁共3层，二三层中间的4根金柱和楼板并不相连，而是悬空的，4根金柱分别通过穿过檐柱的横木与檐头相连，檐头和金柱通过檐柱保持平衡，这样檐柱就成了支撑点。这种天平式的建筑，在我国古代建筑中也十分罕见。

此外，山西万荣飞云楼的通天柱、运城春秋楼的斗拱等，设计和构筑均各具特点，在我国建筑发展史上都具有一定的研究价值。

知识链接

中国三大名楼

其中又以湖北武汉黄鹤楼、湖南岳阳岳阳楼、江西南昌滕王阁最为著名，并称为"中国三大名楼"。

中国古代多在临水之地建楼，取凭高远眺、极目无穷之妙。达官显贵、文人墨客登楼一游，或会访四方之客，或酬唱应和之曲，放悲声，抒情怀，低吟浅唱，壮怀激烈，皆可乘兴而来，尽兴而去。故中国历代名楼皆有名诗佳作千古传唱。三大名楼能够享誉海内外，是和文人墨客、迁客骚人的文化活动分不开的。范仲淹的《岳阳楼记》、王勃的《滕王阁序》、崔颢的《黄鹤楼》在成为千古绝唱的同时，三大文化名楼的盛名也就随之传开了。

华东地区古楼

　　我国古代楼阁有着悠久的历史与精湛的建造技术,在世界建筑史上占有重要的地位。同时楼阁也是我国古建筑中一种重要的类型,是我国政治、经济、军事、文化发展到一定程度的产物,当然也是我国优秀传统文化遗产的重要组成部分。

第一节
浙江古楼

中国古代楼阁建筑在艺术与技术两方面均具有独特的成就，享誉世界。这其中，江浙地区的楼阁建筑因体量宏大，外观壮丽，而备受瞩目，同时，楼阁建筑技术最为复杂。

杭州西湖望湖楼

望湖楼，又名看经楼、先得楼，位于浙江省杭州市断桥东少年宫广场西侧。望湖楼傍西湖而建，登临远眺，一湖胜景皆在眼底。宋代王安石、苏轼等人，都曾有诗咏望湖楼，或咏楼上观景的感受。其中苏轼的《望湖楼醉书》最为有名："黑云翻墨未遮山，白雨跳珠乱入船。卷地风来忽吹散，望湖楼下水如天。"该诗脍炙人口，望湖楼因而闻名天下。

望湖楼绿树掩映，岩峦烘托，飞檐凌空，典雅古朴，始建于北宋乾德五年（967年），为吴越王钱俶所建，在当时的昭庆寺前，当时名为看经楼，到宋时方易名为望湖楼。后来，望湖楼被改造湖边的茶楼，登楼凭栏，一边喝茶，一边观景，只见碧波如镜，碧水映着蓝天群山，湖中画舟点点，堤岸游

第二章 华东地区古楼

杭州望湖楼

人如织，湖中三岛如三颗明珠闪烁于湖水之上，有时朦朦胧胧，有时却清晰如画。西湖的万种风情一一呈现眼前。

望湖楼近年经重建后，总面积达360多平方米，主楼阁望湖楼以曲廊和辅楼餐秀阁互相衔接。望湖楼青瓦屋面，为朱色单檐双层歇山顶，整个建筑宏丽古雅。在地势较低处植有草坪、棕榈、冬青，点缀峰石；在地势较高处则叠石筑山，使之峰石嵯峨，回栏环绕，别有一番风情。

嘉兴烟雨楼

烟雨楼，起初位于浙江省嘉兴市南湖之滨，因唐朝诗人杜牧"南朝四百八十寺，多少楼台烟雨中"的诗意而得名。该楼始建于五代后晋年间（936～

947年），明嘉靖二十六年（1548年）因疏浚市河，填成一座湖心岛，遂将此楼移于岛上，从此这里便被称为"小瀛洲"。我们现在所见的楼为1918年重建，楼四周以短墙曲栏围绕，四面长堤回环，入口处为清晖堂，清晖堂两侧左为"菱香水榭"，右为"筱云"。门外北侧墙上嵌有"烟雨楼"石碑。堂后和烟雨楼正楼东南侧各有一座乾隆帝题写的"御碑亭"。走廊右有宝梅亭，内有清代名将彭玉麟画的梅花碑两块。烟雨楼正楼高约20米，面积为640平方米，重檐画栋，朱柱明窗，气势非凡。楼前檐悬挂董必武所书的"烟雨楼"匾额。楼中还有许多石刻，其中较为著名的有宋代苏轼、黄庭坚、米芾的题刻，元代吴镇的竹画刻石，以及近代吴昌硕所书的墓志铭碑刻等。

烟雨楼是嘉兴南湖湖心岛上的主要建筑，现已成为岛上整个园林的泛称。

嘉兴南湖烟雨楼

第二章 华东地区古楼

此楼自南而北，前为门殿三间，后有楼两层，面阔五间，进深两间，回廊环抱。二层中间悬乾隆御书"烟雨楼"匾额。楼东为青杨书屋，西为对山斋，均为三间。东北为八角轩一座，东南为四角方亭一座。西南垒石为山，山下洞穴迂回，可沿石阶盘旋而上；山顶有六角敞亭，名"翼亭"。此楼是南湖视高点，登楼凭栏远望，万树园、热河泉、永佑寺诸处景观一览无余。乾隆皇帝六下江南，先后八次登上烟雨楼，先后赋诗二十余首，盛赞烟雨楼美景。

知识链接

乾隆游南湖烟雨楼诗选

《烟雨楼用韩子诗韵》

乾隆十六年（1751年）

春云欲泮旋蒙蒙，百顷明湖一棹通。

回望还迷堤柳绿，到来才辨榭梅红。

不殊图画倪黄境，真是楼台烟雨中。

欲倩李牟携铁笛，月明度曲水晶宫。

《题烟雨楼》

乾隆二十二年（1757年）

杨柳矶边系画舟，六年清跸重来游。

素称雨意复烟意，漫数处州还沔洲。

诗句全从画间得，云山常在镜中留。

鸳湖依旧谁相识，懒惰无心向野鸥。

《题烟雨楼》

乾隆四十五年（1780年）

只疑瀛泛到云来，镜里楼台熟路开。

四面波光烟雨意，无边春景咏吟材。

今斯今也昔斯昔，柳尚柳兮梅尚梅。

一读钱家书赵句，怆然弗忍更徘徊。

杭州西湖楼外楼

"一楼风月当酣饮，十里湖山豁醉眸"。这副楹联说的就是杭州西湖著名菜馆楼外楼。楼外楼位于浙江省杭州市秀丽的西子湖畔，孤山脚下。创建于清道光二十八年（1848年），至今已有160多年的历史。

清朝末年，由落第文人洪瑞堂在西泠桥附近创办，当时只是一家不起眼的小菜馆。著名学者俞曲园先生根据菜馆独特的地理位置和南宋林升的诗句，给菜馆取名为"楼外楼"，楼外楼因此而得名。"以菜名楼，以文兴楼"的楼外楼，先后迎来了不少的历史名人，如孙中山、鲁迅、竺可桢等，更有周恩来总理九上楼外楼，清风廉洁，被传为佳话。

楼外楼店内装饰典雅，环境优美。众多的名厨为四方游客烹制可口的特色佳肴，其中最出色的是西湖醋鱼、叫花童鸡、宋嫂鱼羹等名菜，因为每一道名菜后面，都寓含着一个动人的故事。

楼外楼

知识链接

楼外楼的命名

楼外楼的得名向来有两种说法。一种说法是楼主从南宋诗人林升的《题临安邸》一诗中得到启发而取为"楼外楼"。该诗云:"山外青山楼外楼,西湖歌舞几时休;暖风熏得游人醉,直把杭州作汴州。"另一种说法是因该楼建在近代著名学者俞曲园(俞樾)先生的俞楼前侧,楼主洪瑞堂就到俞楼请俞先生为该楼命名。俞先生说："既然你的菜馆在我俞楼的外侧，那就借用南宋林升'山外青山楼外楼'的名句，叫做'楼外楼'吧！"这两种说法其实如出一辙，只是命名人不同，源头却是一样，都为楼外楼菜馆增添了文化情趣。

杭州吴山城隍阁

城隍阁位于浙江省杭州市吴山风景区，吴山是七宝山、紫阳山、云居山等几个小山的总称，杭州人俗称"城隍山"。它位于钱塘江北岸，西湖东南面，是西湖群山延伸进入市区的成片山岭。天目山余脉的尾端，结止于杭州，在西湖北岸形成葛岭、宝石山，在西湖南岸的，就是吴山。远古时候，吴山和宝石山是史前海湾的两个岬角，南北对峙，随波浮沉。后来，陆地抬升，人民陆续迁居，来到这一带生息繁衍，逐渐发展、形成现在的杭州城。早在北宋，大诗人苏东坡任杭州太守时就曾说过："天目山千里蜿蜒而东，龙飞凤舞，萃于临安。"吴山好像是一只梭镖，锲入杭州城内，东、南、北三面俯临街市，西面与万松岭相接，环境风貌在西湖群山中别具一格。

吴山林木葱郁，怪石嶙峋，泉洞遍布，地形地貌曲折起伏，自然景观丰富多彩。千百年来，伴随着杭州城市的兴衰和演变，吴山积淀了不同时期大量的历史文化，山上山下不但风景优美，而且名胜古迹众多，历史上尤以佛教、道教和民间祭拜偶像的庙宇集中而著称，如城隍庙、药王庙、东岳庙、宝成寺等。特别是宝成寺内的元代石刻喇嘛造像被国务院确定为"全国重点文物保护单位",再加上邻近市区交通便捷,人气旺盛,吴山历来就是西湖风景名胜区的重要组成部分,也是展示杭州灿烂历史文化和民俗风情的一个窗口。

凤凰山向东北蜿蜒,山体介入杭州市区东南,形成西湖群山东侧尾部的吴山景区。吴山古时名"胥山",亦称"伍山",因伍子胥而得名。至于吴山一名,有人解释说,因这里春秋时是吴国的南方边界,山名由此而来。吴山景区的主体建筑城隍阁位于吴山之巅,其恢宏的气势可与黄鹤楼、岳阳楼、滕王阁相媲美,堪称江南四大名楼,是游人登高揽胜的必到之处。

城隍阁是连地下共七层的仿古楼阁式建筑,高41.6米,总面积约1000亩。城隍阁富丽堂皇,融合了元、明殿宇的建筑风格,大处着眼,细处勾勒,兼揽杭州江、山、湖、城之胜。

杭州城隍阁

城隍阁入口处有一幅大型花岗岩浮雕《吴山风情图》,整幅作品长27米、高6米,它以南宋时期为时代背景,再现了那时以城隍庙为中心,人们逢年过节和举行吴山庙会的繁华景象及盛况。而屹立在浮雕前的四根擎天柱,主要为广场的装饰物是从古代建筑中立柱与斗拱相结合的形态中提炼出来的艺术造型,展现了中国古代建筑中力与美的寓意,渲染强化了城隍阁景区的民族风格和历史氛围。

宁波鼓楼

鼓楼是浙江省宁波市惟一仅存的古城楼遗址,也是国家文物重点保护的古建筑之一。游人登楼,便可一览宁波古城全貌。

"谯楼鼓角晓连营"是元代诗人陈孚的诗句,体现了鼓楼在我国历史上的特殊地位。古时鼓楼设有报时的刻漏和更鼓,日常击鼓报时;战时侦察瞭望,还肩负有保城池、抵外侮的使命。

宁波鼓楼始建于唐长庆元年(821年),至今已有1100多年的历史。它是宁波历史上正式置州治、立城市的标志。当年明州刺史韩察将州治从小溪镇迁到宁波"三江口",以现在的中山广场到鼓楼这一带为中心,建起官置,又立木栅为城,后来又以大城砖石筑成城墙,历史上叫"子城"。子城的南城门就是现在的鼓楼。

清代,鼓楼又经数次修建。现存

宁波鼓楼

第二章 华东地区古楼

楼阁建筑为清咸丰五年（1855年）由巡道段光清所督建。民国二十四年（1935年），经当地人士提议，在鼓楼三层楼木结构建筑中间，建造了水泥钢骨正方形望台及警钟台，并置标准钟一座，四面如一，既能报时，又能报火警。到20世纪80年代末，鼓楼因年久失修，已成"危楼"。1989年4月，宁波市拨资约35万元，对鼓楼进行了落架大修，至次年6月完工。大修后的鼓楼面貌焕然一新。整座城楼占地700多平方米，总高约28米，共分七层，城高8米多，门道深16米，门宽6米，为石砌拱形门；其东北依城墙设有踏道，可拾级登上城楼；楼为五开间，三层木结构檐歇山顶，气势雄伟。城楼两旁还新建了一些附属建筑物，可谓交相辉映。原城楼上的一些历代匾额等及碑记也予以修复完工。而鼓楼内部则新设立了"宁波城市发展史"陈列馆，主要在"城"字上做"文章"。由于鼓楼本身就是宁波古城历史变迁的见证与缩影，因而该陈列馆向游人全面介绍了宁波城市的形成、变迁、发展的过程。大修后的鼓楼还成为宁波市文化活动的中心地区之一，经常举办各种书画、摄影、文物精品展览与交流等活动。据记载，该区域自唐长庆元年（821）明州刺史韩察筑子城以来，便为历代政治中心，即衙署所在地。

如今，鼓楼及附近的公园路一带已成为宁波主要文化活动的集散地，整个地区的建筑充分体现出宁波江南水乡的特色。两旁是仿宁波传统建筑风格的商店，小青瓦双坡屋面，风火马头墙，还有各种精细的外墙木装饰，既具有宁波传统商业街的风貌，又具有强烈的历史文化质感。现修复了浙江督学行署，在东西两端入口处的两座古石牌坊，以及城墙遗址，子城历史变迁的石碑等。新修建的两组石牌坊是明、清两代举人光宗耀祖的标志，代表着文化气息和历史内涵。鼓楼步行街熔文化、商贸于一炉，集购物、休闲于一体，已经成为宁波市内的游乐胜地之一。

宁波天一阁藏书楼

藏书楼是中国古代供藏书和阅览图书用的建筑。中国最早的藏书建筑见于宫廷，如汉朝的天禄阁、石渠阁。宋朝以后，随着造纸术的普及及印本书的推广，民间也建造了藏书楼。

天一阁坐落于浙江省宁波市月湖之西的天一街，始建于明嘉靖四十年（1561年），建成于明嘉靖四十五年（1566年），原为明兵部右侍郎范钦的藏书处，是我国现存年代最早的私家藏书楼。1982年3月被国务院公布为全国重点文物保护单位，2003年被评为国家4A级旅游景点，2007年又被公布为全国重点古籍保护单位。

天一阁是一个以藏书文化为核心，集藏书的研究、保护、管理、陈列、社会教育、旅游观光于一体的专题性博物馆。现藏古籍达30余万卷，其中，

天一阁

《四库全书》

珍稀善本8万余卷,除此以外,还收藏了大量的字画、碑帖以及精美的地方工艺品。设有《天一阁发展史陈列》《中国地方志珍藏馆》《中国现存藏书楼陈列》《明清法帖陈列》等陈列厅,书画馆常年开展各种临时展览和文化交流活动。天一阁分藏书文化区、园林休闲区、陈列展览区。以宝书楼为中心的藏书文化区有东明草堂、范氏故居、尊经阁、明州碑林、千晋斋和新建藏书库。以东园为中心的园林休闲区有明池、假山、长廊、碑林、百鹅亭、凝晖堂等景点。以近代民居建筑秦氏支祠为中心的陈列展览区,包括芙蓉洲、闻氏宗祠和新建的书画馆。书画馆在秦祠西侧,粉墙黛瓦、黑柱褐梁,有宅六栋,曰:"云在楼,博雅堂,昼锦堂,画帘堂,状元厅,南轩。"与金碧辉煌的秦祠相映衬。

天一阁为木构的二层硬山顶建筑,通高8.5米。底层面阔、进深各六间,前后有廊。二层除楼梯间外为一大通间,以书橱间隔。此外,还在楼前凿"天一池"通月湖,既能美化环境,又能蓄水防火。天一阁的建筑布局后来为其他藏书楼所效仿。乾隆皇帝南巡时,命人测绘天一阁房屋、书橱的款式,以此为蓝本，在北京沈阳、承德、扬州、镇江、杭州兴建了文渊阁等七座皇家藏书楼以收藏《四库全书》，天一阁从此名扬天下。

如今，天一阁前有假山、水池、小桥、小亭等园林建筑，清幽雅静；在阁东，有白鹤亭，造型精巧；在阁后，有尊经阁和明州碑林，古色古香；在阁内，有大量的古今图书和天一阁创建人范钦的塑像，令人神往。

天一阁已经成为浙江省和宁波市一处重要的观光旅游胜地。

乾隆铜像

杭州文澜阁

文澜阁位于浙江省杭州西湖孤山南麓的浙江省博物馆内。文澜阁初建于清乾隆四十七年（1782年），是清代为珍藏《四库全书》而建的七大藏书阁之一，也是江南三阁中惟一幸存的一阁。文澜阁是由杭州圣因寺后的玉兰堂改建而成的，建成于乾隆四十八年（1783年）。改建的各项工费均由浙江商人捐办。新中国成立以后，文澜阁经过多次修缮，面目一新。

文澜阁是一处典型的江南庭院建筑，园林的布局特点主要是顺应地势的

文澜阁

高下，适当穿插点缀以亭榭、曲廊、水池、叠石之类的建筑物，并借助小桥使之互相贯通。园内亭廊、池桥、假山叠石互为凭借，浑然一体。文澜阁主体建筑仿效宁波天一阁，也为重檐歇山式，共两层，中间有一夹层，所以实际上是三层楼。步入门厅，迎面是一座假山，山下有洞。穿过山洞是一座平厅，厅后方池中有奇石独立，名为"仙人峰"，是西湖假山叠石中的精品。方池后正中为文澜阁，西有曲廊，东有月门通太乙分清室和罗汉堂。东南侧有一座碑亭，碑正面刻有清代乾隆皇帝题诗，背面刻有颁发的《四库全书》上谕。东侧也有一座碑亭，碑上刻有清代光绪皇帝题写的"文澜阁"三字。整个建筑和园林布局紧凑雅致，颇具特色。

民国年间，一些地方的文人墨客因县图书馆在其西侧，于右任为图书馆题联时，写下了"翠接文澜阁，瑞映须弥山"的佳句。1985年，固原县人民政府拨款3.5万元对其重修，并列为县级文物保护单位。

文澜阁古建筑群原是清代收藏《四库全书》的皇家藏书楼。文澜阁初建时，正值《四库全书》告成，当时先抄四部，分藏紫禁城文渊阁、圆明园文源阁、奉天文溯阁、热河文津阁"内廷四阁"。后乾隆皇帝因"江浙人文渊数，允宜广布，以光文昭"，又命续抄三部，分藏扬州文汇阁、镇江文宗阁和杭州文澜阁，是为"江南三阁"。现江南三阁惟文澜阁及所藏《四库全书》存世，成为"东南瑰宝"。

知识链接

杭州鼓楼

杭州鼓楼古代为滨海敌楼，位于吴山东麓，始建于南朝。曾名曰"新城戍""朝天门""拱北楼""来远楼""镇海楼"。现在鼓楼遗址系隋废郡置州，杭州定名之初最早的州台所在地，至今已有1400多年的历史。千百年间，鼓楼屡建屡毁。每次重建之后，都留下碑文。其中最有名的要数明代徐渭撰写的《镇海楼记》。文革期间，鼓楼被彻底拆毁。

2001年，杭州市为创建"文化名城"，决定重建鼓楼，并将其列为杭州市2001年重点工程之一。

杭州鼓楼位于杭州中山南路南段，南宋建造。中山路原称"御街"，为南宋皇室游街之道，鼓楼原名"朝天门"，明朝更名为"镇海楼"，20世纪60年代拆除，2003年重建。

重建的鼓楼按明代建筑形式，采用五开间，二重檐歇山顶，斗拱装饰。屋面为仿古结构，黑色亚光琉璃瓦，古门窗。城墙为复制原城墙，墙体为清水墙。

第二章 华东地区古楼

鼓楼积淀了丰富的历史文化内涵，包括由洛阳民间工艺大师制作的一面直径达1.5米的大鼓，八面直径为1米的小鼓，重达2.1吨的"四季平安"钟和长11.8米、高2.2米的东阳木雕《清明上河图》等宝物。

第二节 江苏古楼

江苏历史悠久、文化多元、兼具南北色彩。江苏素来有以"文物渊薮"，素享"人文荟萃"的佳誉。江苏的古楼宇建筑也带着浓厚的人文色彩，与江苏地区所属的江南悠久文化相辅相成，形成一道绚丽夺目的风景。

南京下关阅江楼

阅江楼位于江苏省南京下关的狮子山上。建阅江楼的初衷，始于明朝开国皇帝朱元璋。因朱元璋曾在狮子山上击败劲敌陈友谅，为建立大明王朝奠定了基础。明洪武七年（1374年），朱元璋决定在狮子山上建一座楼阁，亲自命名为阅江楼并撰写《阅江楼记》。但朱元璋在写了楼记，打了地基后又突然决定停建阅江楼。新建的阅江楼整体呈"L"型，主翼面北，次翼面西，两翼均可观赏长江风光。主楼在两翼的犄角处，外四内三，共计七层，总高度为51米，总建筑面积为5000多平方米，两翼各以歇山顶层次递减，屋顶犬牙交错，跌宕多变；屋面覆盖黄色琉璃瓦，并镶有绿色琉璃瓦，色彩鲜丽；檐下斗拱彩绘各异，廊柱、门窗红中呈暗，更显古色古香。阅江楼为中国十大文化名楼之一。与武汉黄鹤楼、岳阳岳阳楼、南昌滕王阁合称"江南四大名楼"。

"一江奔海万千里，两记呼楼六百年"，这副绝妙的对联，是南京阅江楼600年风雨沧桑的真实写照。登上阅江楼，放眼远眺，但见浩瀚的大江滚滚东去，一览无余，仿佛郑和下西洋以来，600年的烟雨尽收眼底。阅江楼的工作

阅江楼

人员介绍说,当年郑和庞大的船队就是从南京下关龙江出水,浩浩荡荡地从这里驶向太仓刘家港的起锚地。

　　阅江楼碧瓦朱楹、飞檐峭壁、朱帘凤飞、彤扉彩盈,具有鲜明的明代风格。内部布局围绕明太祖朱元璋和明成祖朱棣两代帝王的政治主张展开。底层,最值得看的是一椅、一壁、一匾。摆放在金字靠壁前的是一把"朱元璋龙椅",虽是仿制品,但由上等优质红木制成,重量超过千斤。龙椅的靠背上雕有九条龙,刻工精细、形象生动。东侧的一匾"治隆唐宋",为康熙所书。二层有一船、一画,明朝永乐帝朱棣,取消海禁,扩大贸易、文化交流,当时南京下关地区是座造船厂,船厂打造了许多船,最长的船长138米,宽56米,航行时有九桅十二帆,载重量达7000吨,在600年前可算世界之最。这幅巨型瓷画,反映了公元1405~1433年间郑和七下西洋的辉煌历史。画高12.8米,宽8米,画面由十二个部分组成,色彩斑斓,气势磅礴。其中有建造宝船、科学航海、征服海洋、和平外交、睦邻友好、传播文明、平等经贸、文化交流等盛况,以及西洋各国的风土人情。

　　巨幅瓷画上还反映了永乐皇帝建造"静海寺""天妃宫",立"天妃宫牌",为郑和航海祈求平安的情景。厅内有一条复制的郑和宝船和一个锈迹斑斑的巨大铁锚,这两件实物,生动具体地证明了南京是郑和下西洋的主要造船地,也是当时世界上最大的造船基地。

　　在阅江楼的二楼,展示了郑和下西洋期间及以后的十六位皇帝像,排在前几位的就是郑和所经历的明太祖朱元璋、明成祖朱棣等。同时还展示了明朝的灿烂文化,有明朝版图、名家书画、科学技术,详尽地介绍了郑和下西洋期间中国先进的科学、文化。

阅江楼的全国之最

阅江楼风景区创下了五个全国之最。

石狮子——目前中国最大的一对雄狮,高4.8米,重约30吨,用苏州金山石整块雕刻而成,风格为明太祖时期按照盱眙县明祖陵的守门狮子刻制。两只雄狮气势雄浑,具有皇家气概。

汉白玉碑刻——朱元璋撰写的《阅江楼记》,由书法名家抄写,碑的背面刻的是宋濂所写的《阅江楼记》,被选入《古文观止》。汉白玉从北京房山开采出来,高约3.1米,宽4.8米,重15吨,是全国最大的汉白玉碑刻。

阅江楼鼎——全国最大的仿西周司母戊鼎,重4吨,鼎上刻篆字:"狮梦觉分鼍张,子孙骄以炎黄,山为挺其脊梁,阅万古之长江,江赴海而浩汤,楼排云而慨慷,鼎永铸兹堂堂。"这七句话每句的第一个字连起来念,就是"狮子山阅江楼鼎"。

郑和下西洋瓷画——中国最大的瓷画,高12.8米,宽8米。壁画背后是唐伯虎和祝枝山的作品。

青铜浮雕——全国最大的青铜浮雕,高2米,宽8米,由雕塑大师吴为山作。

南京莫愁湖胜棋楼

胜棋楼坐落在江苏省南京市莫愁湖畔,始建于明洪武初年,重修于清同治十年(1871年)。楼的建筑形式为二层五开间,刻工精美,正门中堂有棋桌,相传这里是明太祖朱元璋与大将徐达对弈的地方。一次,朱元璋与徐达下棋,眼看胜局在望,便脱口问徐达:"爱卿,这局以为如何?"徐达微笑着点头答道:"请万岁纵观全局!"朱元璋连忙起身细看棋局,不禁失声惊叹:"哦!朕实不如徐卿也!"原来徐达的棋子竟布成"万岁"二字。朱元璋为了嘉奖徐达的功绩和棋艺,当即将"对弈楼"和整个莫愁湖花园钦赐给徐达,并将"对弈楼"更名为"胜棋楼"。至今"胜棋楼"内还挂有徐达的肖像。后人为此还撰写了这样一副对联:"莫愁女观花眉飞色舞,朱元璋对弈好大喜功"。

胜棋楼是莫愁湖内的主要景点。胜棋楼是一座融汇明、清风格的历史建

胜棋楼

筑，楼分两层，青砖小瓦，造型庄重，工艺精美，楼内现陈列朱元璋与徐达对弈的棋桌、画像以及复制的龙袍和衣冠、古玩玉器及用象牙雕刻而成的明、清红木家具数百件，堪称"金陵之最"。登上此楼可远眺钟山龙盘，石城虎踞，俯瞰湖心亭，湖景全貌，波光云影，尽收眼底，令人心旷神怡。

南京中山陵藏经楼

藏经楼位于江苏省南京中山陵与灵谷寺之间的密林中，现为孙中山纪念馆，是一座仿清代喇嘛寺的古典建筑。由著名建筑师卢奉璋设计，1936年冬竣工。

藏经楼的"藏"是指佛教里的三藏：经藏、律藏、论藏，另外还有分类的意思。藏经楼是中国佛教协会于1934年11月发起募建的，次年10月竣工，

藏经楼

是孙中山奉安中山陵后修建的纪念性建筑物，专为收藏孙中山先生的物品而建，还展出奉安大典珍贵史料。

藏经楼包括主楼、僧房和碑廊三部分，面积达3000多平方米。主楼为宫殿式建筑，外观又像一座寺院楼，高20.8米。楼前广场正中的花台上竖有一尊高2.6米的孙中山先生全身铜像。楼后有长达125米的碑廊，上刻孙中山先生所著"三民主义"全文。藏经楼以及碑廊、碑刻是中山陵一处重要的纪念性建筑。在三楼屋檐正中悬有一方直额，上书"藏经楼"三字，黑底金字，由当代著名书法家武中奇题写。1987年5月7日，经南京市人民政府批准，将藏经楼辟为孙中山纪念馆。民革中央名誉主席屈武亲笔题的"孙中山纪念馆"楷书阴刻六个鎏金大字横匾，悬挂在主楼底屋正门上方。

主楼是一座钢筋混凝土结构重檐歇山式宫殿建筑，屋顶覆绿色琉璃瓦，屋背及屋檐覆黄色琉璃瓦，正脊中央竖有紫铜鎏金法轮华盖，梁、柱、额、枋均饰以彩绘，整座建筑内外雕梁画栋，金碧辉煌，气势雄伟，极为壮观。共三层，底层为讲经堂，并有夹楼听座；二楼为藏经、阅经及研究室；三楼为藏经室，总面积为1600平方米。一楼中部大厅上高悬一座火炬形大吊灯，厅顶部饰有鎏金的八角形莲花藻井，显得豪华宏丽。楼后有回廊式建筑，长125米，壁面镶砌的是冯玉祥将军捐赠的"三民主义"学说全文碑刻，共6讲138块，共计15万5千余字，是一组书刻俱佳的珍贵文物。

僧房五间，建在中轴线上，僧房后建有东西厢房四间。东西碑廊各25间，廊壁镶嵌爱国将领冯玉祥捐献的河南嵩山青石碑138块，碑高1.9米，宽0.9米，碑文为孙中山先生《三民主义》全文，共计15.5万余字，都出于国民党元老名家手笔。由苏州吴县石刻艺人唐仲芳带领弟子用了一年半时间完成。由于书写者不同，因此刻出的碑文风格各异。138块碑刻是近代文物的一个重要组成部分。1937年，日本侵略者侵占南京后，将主楼、僧房及碑廊付之一炬，主楼系用钢筋水泥构造而幸免于难，而碑廊因用砖瓦木结构，当时便化为灰烬，仅剩碑廊基础及碑刻。"文革"期间，碑廊、碑刻与藏经楼一样也遭到严重破坏。战火中幸存的9间碑廊被拆，138块碑刻无一幸免。要使这组技术复杂且又珍贵的历史文化遗产按原貌再现，任务甚是艰巨。经文物部门和专家学者多次研究修复方案，又经四个单位试修，最后确定选字刀法、风格、做法力争与原构件相符，在不准更新、不失原貌的前提下制订能黏接的黏接，能修补的修补的修复方案，基本恢复了原貌。

 知识链接

孙中山与梅屋庄吉

藏经楼前广场的孙中山铜像是他生前的日本好友梅屋庄吉先生赠送的。早在1895年1月孙中山从美国檀香山到香港，组织兴中会总部，这时与香港"梅屋照相馆"的老板梅屋庄吉相识，曾多次接受梅屋捐助的活动经费。不久袁世凯窃国称帝后，孙中山先生被迫去日本，就住在梅屋庄吉家中。1915年10月25日，孙中山与宋庆龄的结婚典礼也是在梅屋家中举行的。

孙中山雕像

第二章 华东地区古楼

苏州虎丘得月楼

得月楼位于江苏省苏州虎丘半堂野芳浜口,始建于明朝嘉靖年间,距今已有 400 多年的历史,是苏州十大建筑之一。恢复于 1982 年,移址苏州繁华中心太监弄,是驰名中外的中华老字号。得月楼建筑古朴,一步一景、疏中有密,置身其中可领略苏州古典园林风貌。上世纪 80 年代的电影《小小得月楼》放映后,慕名而来的中外顾客每年达数十万人次,先后接待过泰国诗琳通公主、意大利威尼斯市长、三毛、孙晋芳、朗平等知名人士。得月楼发展迅猛,1995 年开设苏州小吃园,专营苏州风味小吃。1999 年开设得月楼新大楼,以豪华的宴会大厅、风貌各异的包厢和精致的苏州船菜、船点著称。三

苏州虎丘

店相得益彰，是苏州餐饮业的著名菜馆。

明代戏曲作家张凤翼赠诗"得月楼"云："七里长堤列画屏，楼台隐约柳条青，山公入座参差见，水调行歌断续听，隔岸飞花游骑拥，到门沽酒客船停，我来常作山公醉，一卧垆头未肯醒。"从张凤翼的诗中，我们便可以看出，早在400多年前，得月楼就已经盛极一时，蜚声吴中了。沧海桑田，古时的得月楼随着历史的变迁和改朝换代，或经移址和湮灭，只成为历史上的一种记载，直至清代乾隆年间，仍有不少文人墨客题诗赞美"得月楼"。当年乾隆皇帝下江南的时候，在得月楼用膳，因其菜肴味道极为鲜美，赐名"天下第一食府"。

得月楼名师荟萃，技术力量雄厚，传承苏帮菜点，注重精益求精，讲究色、香、味、形，保持原汁原味，常年供应品种达300多种，并配有春、夏、秋、冬四季时令菜点飨客。名菜名点有：松鼠鳜鱼、得月童鸡、西施玩月、蜜汁火方、虫草甫里鸭、碧螺虾仁、枣泥拉糕、苏式船点等。特别擅长制作明代流传下来的船菜船点、吴中第一宴。

得月楼于1993年被原国内贸易部首批命名为中华老字号，并先后获得中华餐饮名店、全国十佳酒家、国家特级酒家、全国绿色餐饮企业、商务部"市场运行监测工作先进单位"、省级文明单位、市级文明单位、苏州市十强餐饮企业、苏州市建设健康城市先进单位、苏州市卫生A级单位、苏州市价格信用单位2A级、苏州市诚信单位等数十项荣誉。

第三节 江西古楼

江西的古楼宇建筑,是灿烂的中华古代文化艺术中最具独特魅力的部分,是江西古文化、古文明的标志和象征。它凝聚着古代各阶层劳动人民的智慧和才能,是自然科学与人文科学的完美结合。在漫长的历史发展过程中,江西古代楼宇建筑不论在结构上,还是形式风格上,始终是承前启后、一脉相传,保持着一贯完整的建筑体系,具有独特的风格和鲜明的特征,在世界建筑体系中独树一帜,这与中国的传统文化及其价值取向、审美情趣有着直接的渊源关系。

江西南昌滕王阁

滕王阁坐落在江西省南昌市赣江之滨,建于唐高宗永徽四年(653年)。在建阁至今的1300多年中屡毁屡建,而每次重修,不但能够再现古阁的风姿,而且规模也是越来越大。1926年,滕王阁毁于北洋军阀邓如琢手中。1983年10月1日,人们正式开始了第29次重修滕王阁的工作,1989年落成。新阁共9层,高57.5米,是一座大型的仿宋建筑,也是江南三大名楼中最高的楼阁。在阁的第六层东西两面,各挂着写有"滕王阁"三字的大匾,是宋代大文学家苏轼的字体；阁的三个明层四周，均建有平座栏杆，以供游人远眺；在第五层的屏壁上，还镶嵌着铜制的王勃《滕王阁序》碑；在滕王阁的门柱上，还有毛泽东亲笔书写的《滕王阁序》中的佳句"落霞与孤鹜齐飞，秋水共长天一色"。

南昌滕王阁与湖北黄鹤楼、湖南岳阳楼并称为"江南三大名楼"，因初唐才子王勃作《滕王阁序》让其在三楼中最早扬名天下。另有阆中滕王阁、玉台观，清以来合称"滕王阁"。新中国成立后，只剩下部分台基及数间破屋，但颐神、慈氏二洞及摩崖题刻保存完好。洞内有南宋人题记，洞外有明邵元书杜甫滕王亭子诗及杨瞻撰书颐神古洞诗四首。

同时，滕王阁也是古代储藏经史典籍的地方，从某种意义上说是古代的图书馆。而封建士大夫们迎送和宴请宾客也多集中于此，贵为天子的明代开国皇帝朱元璋在鄱阳湖之战中大胜陈友谅，曾设宴阁上，命诸大臣、文人赋诗填词，观看灯火。

滕王阁，高耸于南昌城西，赣江之滨。步入阁中，仿佛置身于一座以滕王阁为主题的艺术殿堂。在第一层正厅有一幅表现王勃创作《滕王阁序》的大型汉白玉浮雕《时来风送滕王阁》，巧妙地将滕王阁的动人传说与史实融为一体。第二层正厅是大型工笔重彩壁画《人杰图》，绘有自秦至明的80位各领风骚的江西历代名人。这与第四层表现江西山川精华的《地灵图》堪称双璧，令人叹为观止。第五层是凭栏骋目的最佳地点。进入厅堂，迎面是苏东坡手书的千古名篇《滕王阁序》。每一层都有一个主题，也都与滕王阁有关。

滕王阁的主体建筑净高57.5米，建筑面积为13000平方米。其下部为象征古城墙的12米高的台座，分为两级。台座以上的主阁取"明三暗七"格式，即从外面看是三层带回廊建筑，而内部却有七层，就是三个明层，三个暗层，加屋顶中的设备层。新阁的瓦件全部采用宜兴产碧色琉璃瓦，因唐宋多用此色。正脊鸱吻为仿宋特制，高达3.5米。勾头、滴水均特制瓦当，勾头为"滕阁秋风"四字,而滴水为"孤鹜"图案。台座之下,有南北相通的两个瓢形人工湖,北湖之上建有九曲风雨桥。楼阁云影,倒映池中,益然成趣。

沿着南北两道石级登临一级高台。一级高台是钢筋混凝土筑体,踏步为花岗石打凿而成,墙体外贴江西星子县产金星青石。一级高台的南北两翼,有碧瓦长廊。长廊北端为四角重檐"挹翠"亭,长廊南端为四角重檐"压江"亭。从正面看,南北两亭与主阁组成一个倚天耸立的"山"字;而从飞机上俯瞰,滕王阁则有如一只平展两翅、意欲凌波西飞的巨大鲲鹏。这种绝妙的立面和平面布局,正体现了设计人员的匠心独运。

一级高台朝东的墙面上,镶嵌了五块石碑。正中为长卷式石碑一幅,此碑由八块汉白玉横拼而成,约长 10 米、高 1 米,外围以玛瑙红大理石镶边,宛如一幅精工装裱的巨卷。长碑左侧为花岗岩《竣工纪念石》及青石《重建滕王阁纪名》碑,右侧为花岗石《奠基纪念石》及青石《滕王阁创建纪年》碑。

由一级高台拾级而上,即达二级高台(象征城墙的台座)。这两级高台共有 89 级台阶,而新阁恰于 1989 年落成开放。二级高台的墙体及地坪,均为江西峡江县所产花岗石。高台的四周,为按宋代式样打凿而成的花岗石栏杆,古朴厚重,与瑰丽的主阁形成鲜明对比。

二级高台与石作须弥座垫托的主阁浑然一体。由高台登阁有三处入口,正东登石级经抱厦入阁,南北两面则由高低廊入阁。正东抱厦前,有青铜铸造的"八怪"宝鼎,鼎座用汉白玉打制,鼎高 2.5 米左右,下部为三足

滕王阁风光

古鼎，上部是一座攒尖宝顶圆亭式鼎盖。此鼎乃仿北京大钟寺"八怪"鼎而造。此鼎之设，有金石永固的寓意。

主阁的色彩绚烂而华丽。其梁枋彩画采用宋式彩画中的"碾玉装"为主调，辅以"五彩遍装"及"解绿结华装"。室内外斗拱用"解绿结华装"，突出大红基调，拱眼壁也按此色调绘制，底色用奶黄色。室内外所有梁枋各明间用"碾玉装"，各次间用"五彩遍装"，天花板每层图案都不一样，支条为深绿色，大红井口线，十字口栀子花。椽子、望板均为大红色，柱子为油朱红色，门窗为红木家具色。室外平坐栏杆为油古铜色。

滕王阁建造初期，只是将此阁作为达官贵人们上元观灯、春日赏花、夏日纳凉、九重登高、冬日赏雪、阁中品茶、聚餐饮酒、听琴观画的场所。滕王阁建成22年后，即唐上元二年（675年），当时著名的青年文学家王勃应洪州都督阎伯屿的邀请，登阁赴宴，并写下了脍炙人口的《秋日登洪州滕王阁饯别序》（即《滕王阁序》），滕王阁从此名扬四海。唐代中丞御史王仲舒再次主持重修滕王阁完工后，还特邀了大文学家韩愈为此阁写下了古今佳作《新修滕王阁记》一文；大诗人白居易的《钟陵饯送》、杜牧的《怀钟陵旧游三首》、朱彝尊的《登滕王阁》等，至今仍为人们所传诵。

知识链接

滕王阁的才子绝唱

中国封建社会步入其黄金时代——唐代，正是一个需要巨人和诞生巨人的时代。王勃，便是在这样的大环境下诞生的文学巨子。

王勃（650—676年），字子安，绛州龙门（今山西河津）人。唐朝文学家、诗人，与杨炯、卢照邻、骆宾王并称"初唐四杰"，其诗质朴清新，神俊宏放；所作骈文，音律谐和，对仗整齐。

关于《滕王阁序》究竟是何时所作，历来颇有争议，大致有两种说法：一为王勃十三、四岁省其父至江西而路经南昌所作；另一为王勃赴交趾省父而路经南昌所作。《时来风送滕王阁》，指的就是初唐诗人王勃，九九重阳登临滕王阁作《序》的神话般故事。

王勃雕像

传说，王勃自幼聪明过人，六岁能文，十四岁授任朝散郎，有"神童"之誉。后因故免官，其父王福畤受牵累，贬迁南海炎热之乡的交趾为官。上元二年（675年）九月，王勃从山西动身，赴交趾省亲，坐船逆长江而上，来到江西与安徽地界。在彭泽县东北，东流县西南，有一座马当山，形势险峻。王勃船到马当，突遇风浪。船不能开，于是避风马当山庙下。王勃到庙里观瞻了一番，正想回船去，突见一位老者坐巨石上，神态非凡，问王勃："来的是王勃吗？"王勃大惊，老者说："明日重九，滕王阁有盛会，若往赴宴会，作为文章，足垂不朽。"王勃回道："此地离洪都六七百里，一夜岂能赶到？"老者笑道："你只管上船，我当助清风一帆，使你明日早达洪都。"老者言毕，笑而远遁。依照老者指引，王勃登舟，一路神风吹送，次日凌晨便到了南昌，按时与会，挥笔写下了千古不朽之作——《滕王阁序》。

九江琵琶亭

琵琶亭位于江西省九江市长江大桥东侧，面临长江，背靠琵琶湖。此亭不知建于何时，之所以名传后世，还与唐代大诗人白居易有关。唐代元和十年（815年），白居易由长安贬任江州（今九江市）司马。第二年秋天，诗人因送客于浔阳江头，夜里在船上遇一弹琵琶的人，听其诉说身世，触景生情，因作《琵琶行》相赠，后人于此建亭纪念，名曰琵琶亭。

琵琶亭亭高20米，双层重檐。亭院正中有白居易的汉白玉雕像。围绕此亭建造的仿唐园林，共占地3300平方米。

琵琶亭历代屡经兴废，曾多次移址。清乾隆年间（1736～1795年）重

琵琶亭

建,至咸丰年间(1851~1861年)又遭战火毁坏。1988年3月,新琵琶亭落成,坐北朝南,采取中轴线对称布局,分主亭、左碑廊、右碑廊三部分。主建筑琵琶亭坐落在临界江7米高的花岗岩石基上,正中悬挂着刘海粟大师题写的"琵琶亭"金字大匾额。整个亭台气势磅礴,熠熠生辉。

亭前大门照壁上有毛泽东墨迹《琵琶行》巨幅贴金大理石碑刻,上刻《琵琶行》长诗,全文共616字。亭院正中,矗立着汉白玉白居易塑像。亭院两旁建有碑廊,镶嵌着历代诗人题咏琵琶亭的诗赋共56块碑刻。

知识链接

琵琶亭名联赏

灯影幢幢,凄绝暗风吹雨夜;

荻花瑟瑟,魂销明月绕船时。

——金眉生题九江琵琶亭

聚散总前缘,最相宜明月一船,清风两岸;

古今几名士,合共唱大江东去,秋雁南来。

——万象周题九江琵琶亭

一弹流水一弹月;

半入江风半入云。

——九江琵琶亭

九江浔阳楼

浔阳楼位于江西省九江市九华门外的长江之滨，因九江古称"浔阳"而得名。楼的始建年代虽不可考，但据唐代诗人、德宗贞元年间江州刺史韦应物的《登郡寄京师诸季淮南子弟》一诗中说的"始罢永阳守，复卧浔阳楼"；唐代诗人、宪宗元和年间江州司马白居易，清代诗人、康熙年间兵部侍郎佟法海等所咏的浔阳楼诗可以看出，浔阳楼从唐代至清代一直都存在，并且颇具规模。而真正使浔阳楼出名的是古典名著《水浒传》。小说中的"宋江题反诗""李逵劫法场"等故事使浔阳楼名震天下。

1989年春，九江市政府在浔阳江畔重建了浔阳楼。重建后的浔阳楼占地1600平方米，楼高21米，外三层、内四层、青甍黛瓦，飞檐翘角，四面回廊，古朴庄重，具有明显的仿宋风格。一楼大厅有两幅宽4.5米、高3.2米，用600块彩绘瓷砖拼成的"宋江题反诗"和"李逵劫法场"大型壁画。二楼展厅陈列"水泊梁山108名好汉"瓷雕彩绘像，是精美的景德镇瓷雕艺术的展现。

浔阳楼至今已有1200年的历史。由于九江自古以来就是长江南岸一座交通要道和经济发达的城市，所以，雄踞江畔的浔阳楼也历来是名人云集之地。如：白居易、韦应物、苏东坡等等，都曾登楼题咏。留下许多脍炙人口的佳话。更因施耐庵写下一部《水浒传》，其中一位

浔阳楼

主要人物——宋江曾经在浔阳楼醉酒题反诗,随着名人名著流芳百世,浔阳楼也蜚声海内外,吸引着社会各届人士到此参观。

如今,浔阳楼既是一座具有典型宋代建筑风格的楼宇,又是一个集游览参观、喝茶听书和餐饮为一体的旅游景点。由全国佛教协会会长、书法家赵朴初题写的"浔阳楼"匾额赫然高悬,"世间无比酒,天下有名楼"这幅古老的楹联则吸引着无数游客驻足。

安徽滁州醉翁亭

宋庆历五年(1045年),欧阳修来到滁州,认识了琅琊寺住持智仙和尚,并很快结为知音。为了便于欧阳修游玩,智仙特地在山麓建造了一座小亭,欧阳修诗兴大发,亲自作了一篇游记,这就是有名的《醉翁亭记》。从此,欧阳修常同朋友到亭中游乐饮酒,"太守与客来饮于此,饮少辄醉,而年又最高,故自号曰醉翁也"。"醉翁亭"因此得名。醉翁亭坐落在安徽省滁州市西南琅琊山麓,与北京陶然亭、长沙爱晚亭、苏州沧浪亭并称"中国四大名亭"。

醉翁亭小巧独特,具有江南亭台的特色。它紧靠峻峭的山壁,飞檐凌空挑出。数百年来虽屡次遭劫,又屡次复建,终不为人所忘。解放后,人民政府将醉翁亭列为省级重点文物保护单位,并多次修缮。

醉翁亭一带的建筑,布局紧凑别致,具有江南园林的特色。总面积虽不到1000平方米，却有九处各不相同的景致。醉翁亭、宝宋斋、冯公祠、古梅亭、影香亭、意在亭、怡亭、古梅台、览余台，风格各异，人称"醉翁九景"。醉翁亭前有"让泉"，终年水声潺潺，清澈见底。琅琊山不仅山色淡雅，而且文化渊源久远。自唐宋以来，韦应物、欧阳修、辛弃疾、王安石、梅尧臣、宋濂、文征明、曾巩、薛时雨等历代文人墨客，均在此赋诗题咏。亭后最高处有一高台，名曰"玄帝宫"，登台环视，只见群山滴翠，百鸟齐鸣，令人心旷神怡！

第四节 山东古楼

烟台蓬莱阁

蓬莱阁位于山东省蓬莱市区西北约1千米的丹崖山上。蓬莱，因有海市之胜，历史上曾是秦、汉之君巡视的地方；之后，八仙过海的传说又长久地

第二章 华东地区古楼

依附在这里，遂被历代文人墨客视为仙境。蓬莱是古代登州府署所在地，管辖着九个县一个州，是当时中国东方的门户。久负盛名的登州古港，是中国古代北方重要的对外贸易口岸和军港，与我国东南沿海的泉州、明州（宁波）和扬州，并称为中国四大通商口岸，并且是我国目前保存得最完好的古代海军基地。蓬莱依山傍海，所以又以"山海名邦"著称于世，山光水色堪称一绝。

北宋嘉祐六年（1061年），登州郡守朱处约将唐代渔民所建的龙王庙移至丹崖山西侧，在原址始建蓬莱阁，"为州人游览之所"，并著《蓬莱阁记》。元丰八年（1085年），一代文豪苏东坡知登州军州事，虽在任五日，却挥毫走笔，瀚墨流芳，遂使蓬莱阁得登龙门，成为天下绝胜。

蓬莱阁与洞庭湖畔的岳阳楼、南昌滕王阁、武昌黄鹤楼齐名，被誉为我国古代四大名楼。蓬莱阁虎踞丹崖山巅，它由蓬莱阁、天后宫、龙五宫、吕祖殿、三清殿、弥陀寺、苏公祠等七大单体及其附属建筑组成规模宏大的古建筑群，面积为1.89万平方千米。同时，这里也是观赏"蓬莱十大景"中"仙阁凌空""渔梁歌钓"二景的最佳地点。蓬莱阁高踞丹崖极顶，其下断崖

蓬莱阁景区

峭壁，倒挂在碧波之上，偶有海雾飘来，层层裹缠山腰，画栋雕梁，直欲乘风飞去。游人居身阁上，但觉脚下云烟浮动，有天无地，一派空灵。蓬莱阁下海中，道道礁石高出水面，如翘如跃，名曰"渔梁"。时有三五老翁垂钓其上，得鱼掬水而烹，佐酒怡然自得，乐极而歌，此唱彼和，一派恬淡情韵，大似桃花源中的世界。

蓬莱阁的主体建筑坐落于丹崖极顶，阁楼高15米，坐北朝南，系双层木结构建筑，重檐八角，阁上四周环以明廊，可供游人登临远眺，是观赏"海市蜃楼"奇异景观的最佳处所。阁中高悬一块金字模匾，上有清代书法家铁保手书的"蓬莱阁"三个苍劲有力的大字，东西两壁挂有名人学者的题诗。位于蓬莱阁下的仙人桥，结构精美，造型奇特，传说为"八仙"过海的地方。

登临阁廊，举目远望，长山列岛时隐时现，东北海疆碧波连天，春、夏之际，海市蜃楼时时光临登州海上，令人耳目一新，心旷神怡。阁南有三清

八仙

第二章 华东地区古楼

殿、吕祖殿、天后宫、龙王宫等道教宫观建筑，均依丹崖山势而筑，层层而上，高低错落，与阁浑然一体；阁东有苏公祠，东南建观澜亭，为观赏东海日出之所，西侧有海市亭，因观望海市蜃楼之境而得名，又因其三面无窗，亭北临海处筑有短垣遮护，亭外海风狂啸，亭内却燃烛不灭，故又名"避风亭"，亭内墙壁上嵌有袁可立《观海市》石刻九方。整个建筑陡峭险峻，气势雄伟，朱碧辉映，风光壮丽，是山东著名的旅游胜地。

现在，广义上的蓬莱阁和蓬莱水城，已在1982年被国务院列为全国重点文物保护单位。

知识链接

蓬莱的由来

相传蓬莱作为神山的名字早在秦始皇之前就流传开了。秦始皇在始皇二十八年（公元前219年）东巡时曾来过胶东，过黄陲，到成山，登芝罘。他东巡的目的是为寻找神山，求长生不老药的。从前在登州府署内，有一块秦朝丞相李斯手书的刻石。相传是李斯陪始皇东巡路经蓬莱时写的。秦始皇在蓬莱站在海边，只见大海一望无际，不见神山的踪影。他忽然在波浪中发现一片红色，便问身边的方士："那是什么？"方士回答说是仙岛。始皇又问："仙岛叫什么名字？"方士仓促之间，无法应答。突然见水中海草随波飘动，灵机一动，用草名答道："那叫蓬莱。"蓬莱从此得名。由于这里有山有水，神仙出没，被称为"人间仙境"。在许多中国古典小说《三国演义》《西游记》《红楼梦》《老残游记》等书中都有对蓬莱的描述。

聊城光岳楼

　　光岳楼位于山东省聊城市东昌府区古城中央。建于明洪武七年（1374年），是全国现存古建筑中最古老、最雄伟的木构楼阁之一。当时的平山卫指挥佥事陈镛为了修建一座能报时的楼阁，便用修城余木，建造了这座高达百尺的更鼓楼，名"余木楼"。明弘治九年（1496年），吏部考工员外郎李赞与太守金天锡共登此楼，命名为"光岳楼"。光岳楼为四重檐十字脊过街式楼阁，通高33米，由墩台和4层主楼组成。总占地面积为1185.42平方米。四层主楼筑于高台之上，全为木结构，方形带廊，共有金柱192根，斗拱200个。光岳楼虽几经重修，其构件大部分是初建时的原物，基本保持了原来的面貌，有很高的科学价值和艺术价值。明、清两代，有许多过往的历史名人登临此楼，据说乾隆皇帝7次下江南，5次登光岳楼，曾先后为光岳楼赋诗13首。光月楼现为全国重点文物保护单位。

　　光岳楼是一座由宋元向明清时期过渡的代表建筑，是我国现存的明代楼阁中最大的一座。它在形式上承袭了宋元楼阁的遗制，在结构上继承了唐宋传统。光岳楼由楼基和主楼两部分组成，总高33米。楼基为砖石砌成的方形高台，占地面积为1236平方米，边长34.5米，向上渐有收分，垂直高度为9米，由交叉相通的4个半圆形拱门和直通主楼的50多级台阶组成。主楼为木结构，四层五间，歇山十字脊顶，四面斗拱飞檐，且有回廊相通。全楼有112个台阶、192根金柱、200余个斗拱。

聊城光岳楼

楼内匾、联、题、刻琳琅满目，块块题咏刻石精工镶嵌，其中以清康熙帝御笔"神光钟瑛"碑，乾隆帝诗刻，清状元傅以渐、邓钟岳手迹，郭沫若、丰子恺匾额、楹联最为珍贵。1956年，该楼被列为山东省重点文物保护单位，1988年被列为国家级重点文物保护单位。

光岳楼通高和四边长都是33米，也就是古代的九丈九尺，在中国古代九为阳数之极，寓意其不可超越。明洪武二年（1369年），东昌卫守指挥事陈镛为了与元朝残余部队作战，将宋熙宁三年（1070年）所建土城改建为砖城，并于洪武七年利用修城条木修建了这座高达百尺的更鼓楼，所以初名"条木楼"，后又因地而名"东昌楼"。当时建造此楼的目的是为了"严更漏，窥敌望远，报时报警"，随着明王朝统治的巩固，此楼的军事作用很快被遗忘，但光岳楼却以它的雄伟高大而名扬天下。

知识链接

陈镛与光岳楼

陈镛，明代地方官员，濠（今安徽凤阳）人。明洪武初年任平山卫指挥佥事，守御东昌，在任共12年，多有建树。洪武五年（1372年），为加固聊城城防，由他主持将原聊城土城改建为砖城，经年完工。其后，为"窥敌望远"，他又主持以修城所余砖石木料，于城中央建楼1座，洪武七年（1374年）完成，取名"余木楼"，俗称古楼、鼓楼，后定名光岳楼。"光岳晓晴"，旧时列为聊城8景之一。此楼至今巍然屹立，为国家级重点文物保护单位，是聊城名胜之一。

济宁太白楼

太白楼名传于世千余载，乃任城（今济宁）古八景之一，现为山东省重点文物保护单位。

太白楼即"太白酒楼"，坐落在山东省济宁市城区古运河北岸。太白楼原是唐代贺兰氏经营的酒楼。唐开元二十四年（736年），大诗人李白与夫人许氏及女儿平阳由湖北安陆迁居任城（济宁），"其居在酒楼前"，每天至此饮酒，挥洒文字，写下了许多诗篇。贺兰氏酒楼也因李白经常光顾而声名大振，生意兴隆。

太白楼

第二章 华东地区古楼

李白去世近百年时,唐懿宗咸通二年(861年),吴兴人沈光过济宁时为该楼篆书"太白酒楼"匾额,作《李翰林酒楼记》一文,从此"太白酒楼"名传后世。宋、金、元时期,该楼都进行过重建和修葺。元世祖至元十九年(1282年)开凿济州河时,任城城池北移今址,明代初期城墙易土为砖。明洪武二十四年(1591年),济宁左卫指挥使狄崇重建太白楼,以"谪仙"的寓意,依原楼的样式,迁移于南门城楼东城墙之上(也就是现在的地址),并将"酒"字去掉,更名为"太白楼",延用至今。

明代太白楼建在12.7米高的城墙上,坐北朝南,十间两层,斗拱飞檐,雄伟壮观,系古楼阁式建筑。其上有李白塑像,名人碑碣林立。400多年来,由于长年失修和历次战争,遭到一定破坏。现在的太白楼是1952年人民政府拨专款在原址上重建。重建后的太白楼仍坐北朝南,连同台基共占地4000平方米,面宽7间,东西长80米,南北进深13米,高15米。楼体为两层重檐歇山式建筑,砖木结构,青砖灰瓦,朱栏游廊环绕。二层檐下高悬一楷书匾额,上书"太白楼"三字。四周院内,松柏掩映,花木扶疏,方砖铺地,花墙环绕,台阶曲折,古朴典雅。楼上正厅北壁上方镶有明代人所书"诗酒英豪"四个大字石刻,字体

李白蜡像

丰硕，遒劲豪放；下嵌着李白、杜甫、贺知章全身阴线镌刻的"三公画像石"，李白居中，杜甫在左，贺知章在右，线条流畅，体态潇洒，风流典雅。

一楼正厅中间还有一尊李白半身雕像，上方横匾"诗仙醉圣"，两边对联是"豪饮吐万丈长虹，醉吻涸三江之水"。四周墙壁上书有李白生平介绍。二楼大厅现为书画展览厅。

楼的游廊和院内有《李白任城县厅壁记》和唐朝以来历代文人墨客的赞词诗赋及乾隆皇帝《登太白楼》等刻石碑碣40余块，还有珍贵的李白手书"壮观"斗字方碑。楼内藏有唐天宝元年（742年）李白醉书的《清平调》三首狂草横轴和乾隆时期曲阜的孔继涑摹仿李白笔迹刻石《送贺八归越》诗贴，还陈列有明代祝允鸣手书的杜甫《饮中八仙歌》长卷。另外还有历代名家编撰的李白集和文章，以及当代著名书画家的数十幅作品。

1987年，济宁市在太白楼建立了李白纪念馆。

曲阜奎文阁

奎文阁原名"藏书楼"，为孔庙三大主体建筑之一。奎文阁始建于宋天禧二年（1018年），金明昌二年（1191年）扩建，当时阁为五间，三檐。明弘治十二年（1499年）扩建为七间，三檐。乾隆十三年（1748年）高宗弘历题匾。古代奎星为二十八星宿之一，主文章，古人把孔子比作天上的奎星，后代封建帝王为赞颂孔子，遂将孔庙藏书楼命名为"奎文阁"。奎文阁为历代帝王赐书、墨迹收藏之处，由于它那独特的建筑结构，成为中国古代著名楼阁之一。

奎文阁高23.35米，宽30.1米，进深17.62米，黄瓦歇山顶，三重飞檐；四层斗，内部两层，中夹暗层，层叠式构架，底层木柱上施斗，斗上再立上层木柱。自明弘治十七年（1504年）重修以来，奎文阁经受了几百年风风雨雨的侵袭和多次地震的摧残，虽然康熙年间的大地震曾使曲阜"人间房屋倾者九，存者一"，奎文阁仍却旧岿然屹立，其坚固性可见一斑，不愧为中国著名的古代木结构建筑之一。阁西碑亭中记载康熙年间地震的石碑就是奎文阁坚固的旁证。阁前廊下有两幢石碑，东为"奎文阁赋"，系明代著名诗人李东阳撰文，著名书法家乔宗书写；西为"奎文阁重置书籍记"，记载着明代正德年间皇帝命礼部重修赐书的情况。

奎文阁

阁楼坐西北向东南，主体部分为山门及阁楼。山门正中高悬"奎文阁"楷书匾额，门后横框上悬"云霞辉映"行书匾额，可谓匠心独具。底层四翘角，阔三间，深二间，中央设佛龛，供奉着南海观世音塑像，两侧铜钟皮鼓。龛后是木扶梯，由此上至二、三层，以上两层摇身变为九面开窗，均为九翘角，这种款式的木结构楼在我国古建筑中并不多见，具有很高的文物价值。二层名为"神文圣武殿"，内设孔子和关羽的神位，供人瞻仰和祈祷。三层名为"大魁殿"，塑魁星金身。魁星是古代神话中的神——"奎星"的俗称。奎文阁翼角鳌尾向天，风动欲飞上九天之势，十分引

山陕会馆

人注目,其上悬挂的铜铃木鱼,一有风吹,响动四方。窗棂格扇,精工雕镂,颇具特色,虽历经风风雨雨,却完好如初。有趣的是,神州各处的庙宇、道观、书院,所建的阁楼都是重檐八角或六角,讲究对称和谐。而奎文阁却三檐九角,其正殿就是阁底。垂花门、龙门、墙垣以及相邻的配殿,无不为汉文化风格。伫立在阁顶,透过窗棂,一团团绿云在四周飘浮,霞光又在绿云上镶一道金边,其变幻莫测的云霄,实际上都是奎文阁后面那层层叠翠的山峦赐予。奎文阁坐落在这青山绿水间,更显出"万绿丛中一点红"的亮丽。

奎文阁院四周植有松柏、梧桐、紫荆、桂花等古树二十余柱,一待轻风弄树,飒飒作响,如语如歌,八月桂花盛开的时候,香飘十里,沁人肺腑。

奎文阁赋

（明）李东阳

伟新庙兮即宫，突高阁兮丽空。海之右兮山之东，极灏漾兮争茏苁。纳沉潏兮超鸿濛，表日观兮来天风。忽秋令兮始肃，见奎星兮正中。初徙倚兮槛前，暂徘徊兮户外。殿庭兮巍峨，与兹阁兮相对。亭碑矗兮林立，坛屋隐兮如盖。昔金元兮始构，几岁序兮更代。叹轩楹兮未烬，纷瓦砾兮浮壒（音 ài）。及轮奂兮鼎成，蔼冠裳兮咸萃。览旧踪兮无余，抚孤根兮一桧。吁嗟乎！靡丽兮娉婷，彼青云兮落星。怅望兮怔营，或筹边兮见京。夫岂若睹羹墙兮故宅，诵典则兮遗经。宛蝌蚪兮孔壁，恍金丝兮鲁声，感春秋兮绝笔，忆诗礼兮趋庭；存奇文兮籀史，脱虐焰兮秦坑。藉神鬼兮诃护，阅山川兮精英。乃有韦绝兮竹简，石墨兮溪藤。汗牛充栋兮不可以数计，又奚问兮何名？幽并兮青兖，渺宫墙兮在眼。景行兮高山，每为憾兮不浅。金书兮玉节，幸吾生兮未晚。遡秋霄兮愈沉，恨夏日兮犹短。仰圣道兮弥高，思古风兮渐远。阅千载兮一时，曾一慨兮不满。睹遗驾兮可攀，尚颓波兮在挽。噫唏！灵有地兮有人，贤有象兮国有宾。下厚土兮上高旻，轶倒景兮离尘纷。博典册兮穷皇坟，厉夕惕兮求朝闻。岂徒析虫鱼兮隐义，辩豕亥兮疑真，讶雨粟兮天半。降青藜兮夜分。盖方舞干羽兮七旬，遍弦歌兮八垠。占聚纬兮周髀，听圜桥兮成均，殆将兴兮吾道，庶不朽兮斯文。巍乎高哉！势不可以极，兹阁之名兮并列宿而俱存。

聊城山陕会馆戏楼

位于山东聊城东昌府区东莞古运河西畔的山陕会馆，是山西、陕西客商集资合建的一处神庙、会馆与戏楼相结合的古建筑群。

会馆始建于清乾隆八年（1743年），起初规模不大，只有正殿、戏台和一排楼群，但浓烈的西乡之情使山陕商人不惜耗巨资继续进行了八次扩建，历经66年，到清嘉庆十四年（1809年）才形成现在的规模。会馆东西长77米，南北宽43米，占地面积为3311平方米。保留至今的有山门、戏楼、夹楼、钟楼、鼓楼、南北看楼、南北碑亭、关帝殿、财神殿、火神殿等160多间。会馆整体建筑布局紧凑，错落有致，装饰华丽，是我国古代建筑中的瑰宝，对于研究我国古代建筑史具有极其重要的意义，也是研究我国古代商业史、经济史、戏剧史、运河文化史以及书法、绘画、雕刻艺术史的珍贵资料。尤其是建筑中诸多颂扬经济的楹联和碑刻上所记载的商号名称及其捐银数目等，对研究我国清代资本主义的产生具有重要价值。新中国成立后，党和国家领导人非常重视山陕会馆的保护与维修工作。特别是2015年来，国家文物局和省市地方政府已陆续投资对山陕会馆进行了维修和复原，1988年被列为全国重点文物保护单位。

山陕会馆最为有名的当属戏楼，被推为全国此类建筑之冠。走进会馆山门，迎面便是华美的戏楼，戏楼门上写着"岑楼凝霞"，其意为戏楼虽小，但高可与彩霞相接，内饰华丽，好似彩霞一般。门两边各有一幅线雕石版画，左为松鹤，右为梅花鹿。戏楼坐东朝西，二重檐两层，歇山式正脊，左右各出歇山，成十翼角，挑脚斗拱，犬牙交错，如飞龙在天，又似凤凰展翅。

知识链接

台湾赤嵌楼

赤嵌楼位于台南赤嵌街，始建于南明永历七年（1653年），这一时期的建筑反映了西方城堡式的建筑风格。

赤嵌楼建筑的一次重大改变是在清同治、光绪年间。由于同治元年（1862年）的大地震，荷兰式楼房被震塌，只剩下下面的城台基础，佛教信徒们在台上建了一个供奉观音的大士殿。光绪十年（1884年）法军侵犯台湾时，刘铭传为了根绝敌人的借口，便下令知县将城台上残存的荷兰人所建的洋楼痕迹全部拆除。

郑成功攻复台湾后，曾经改普罗民遮城为"东都承天府"，并以赤嵌楼做为全岛最高的行政机构，隔台江与今安平古堡相对，具有极高的历史价值与文化价值。

自荷据时代、郑氏治台时期至清朝康熙年间，由于天灾战乱，赤嵌楼除城垣外，皆已倾颓；到了光绪五年（1879年），中国式传统亭台楼阁在原有基座上慢慢取代了原有的荷式城堡建筑，大士殿、蓬壶书院、五子祠、海神庙、文昌阁都在此时出现，之后再经风灾毁坏、日本人重新修建，赤嵌楼改为陆军卫戍医院，到了1935年，赤嵌楼被指定为重要的历史遗迹。光复后，几经整修，人们将原有的木制构造改为钢筋混泥土结构，将主要入口由西改为南向。民国时期，人们在旧址的地基上修建文昌阁、海神关及蓬壶书院，加上台南市历史博物馆，逐渐形成了今日的规模。

现在的赤嵌楼已经完全看不出当年荷兰人所建的"普罗民遮城"的痕迹,文昌阁与海神庙两座红瓦飞檐的中国传统建筑是赤嵌楼的标记,海神庙位于南面,文昌阁位于北面,二者的屋顶均是重檐歇山式的表现,重檐之间实为二楼部分,绕以绿釉花瓶栏杆;文昌阁前的石马后方有一个门洞,就是当年普罗民遮城的大门;目前赤嵌楼分三层,楼上以砖石砌成,有曲折的通道;楼上飞檐雕栏,赤嵌城楼下有九只大石龟各自背负着长3米余的石碑,是乾隆亲自撰写旌表平定林爽文之乱的御碑。此外还有从别处迁来的断足石马、郑公墓道碑等古物,颇为特别。

第二章

华中与华南古楼

本章主要介绍湖南、湖北、河南、广东与广西的几处著名古代楼阁。

第一节
湖南古楼

洞庭湖畔岳阳楼

岳阳楼位于湖南省岳阳市洞庭湖西岸,原是三国时期(215年)东吴将领鲁肃为了对抗驻守荆州的蜀国大将关羽所修建的阅兵台,当时名"阅军楼",西晋南北朝时期称"巴陵城楼"。唐代大诗人李白赋诗《与夏十二登岳阳楼》,诗云:"楼观岳阳尽,川迥洞庭开。雁引愁心去,山衔好月来。云间连下榻,天上接行杯。醉后凉风起,吹又舞袖回。"从此之后,始称"岳阳楼",名满天下。千百年来,无数文人墨客在此登览胜境,凭栏抒怀,或记之于文,或咏之于诗,或形之于画,许多工艺美术家也以岳阳楼为题材刻画洞庭景物,使岳阳楼成为艺术创作中被反复描摹、久写不衰的一个主题。登上岳阳楼,八百里洞庭湖的湖光山色尽收眼底。据记载,这就是最早的岳阳楼原型,也是"江南三大名楼"中修建年代最早的楼阁。

岳阳楼

唐开元四年(716年),中书令张说遭贬,谪戍岳州(今岳阳市)。第二年,张说在原鲁肃的阅军楼旧址上重建了一座楼阁，并正式定名为"岳阳楼"。

北宋庆历四年（1044年），大臣滕子京受排挤，被贬岳州后，重修了岳阳楼。建成后，滕子京请当时的名臣、大文学家范仲淹写下了一篇脍炙人口的《岳阳楼记》，其中的"先天下人之忧而忧，后天下人之乐而乐"被广为传诵，亘古不衰。岳阳楼也与范仲淹的这篇《岳阳楼记》一起声名远播。

现在我们看到的岳阳楼，是"江南三大名楼"中惟一一个木质结构建筑，在清朝时期重修，历经百余年加之几十年的战乱都没有遭到毁坏。虽说楼的高度仅有19.72米，比滕王阁和黄鹤楼的规模小得多，但是这个屹立在洞庭湖边上的古代建筑，是"江南三大名楼"中惟一不是在建国后重新修建的，而是保存完好的中国古代传统建筑风格的楼阁。

岳阳楼耸立在湖南省岳阳市西门城头、紧靠洞庭湖畔。自古有"洞庭天下水，岳阳天下楼"之誉。北宋范仲淹脍炙人口的《岳阳楼记》更使岳阳楼著称于世。现在的岳阳楼为1984年重修，沿袭了清朝光绪六年（1880年）所建时的形制。1988年1月被国务院确定为全国重点文物保护单位，同年8月被列为国家重点风景名胜保护区。2001年1月被评为首批国家4A级旅游景区。

岳阳楼的建筑构制独特，风格奇异，气势壮阔，构制雄伟，堪称"江南三大名楼"之首。岳阳楼为四柱三层、飞檐、盔顶、纯木结构。楼的中部以四根直径为50厘米的楠木大柱直贯楼顶，承载楼体的大部分重量；再用12根圆木柱子支撑二楼，外面用12根梓木作檐柱，顶起飞檐。全楼梁、柱、檩、椽全靠榫头衔接，相互咬合，稳如磐石。岳阳楼的楼顶为层叠相衬的"如意斗拱"托举而成的盔顶式，这种拱

范仲淹青铜坐像

而复翘的古代将军头盔式的顶式结构在我国古代建筑史上是独一无二的。

岳阳楼是长江黄金旅游线上湖南境内的惟一景点，是岳阳市对外开放的重要窗口和岳阳旅游业的龙头。

知识链接

真假《岳阳楼记》

现在岳阳楼的一层和二层大厅中各镶嵌着一块用紫檀木雕刻的《岳阳楼记》。但为什么一个楼里要放两块同样文章的碑刻呢？据说，《岳阳楼记》是清代乾隆年间大书法家张照的手笔，其书法、雕刻加之上乘的木质，堪称世间佳品。后来当地有一位擅长书法的县官，为了显示自己，想借岳阳楼和范仲淹的这篇文章而使自己能够名垂千史，便模仿了张照的笔迹，重抄写了一篇《岳阳楼记》，也刻在质地同样的木板上，就连字体的大小、形状也与张照的《岳阳楼记》一模一样。但是刻字匠对县官的这种偷梁换柱的行为心怀不满，但又不敢违抗，便将其中"居庙堂之高，则忧其民"中"居"字的一撇故意刻得很细，使其与正常的字区分开。刻好后，县官便把张照的《岳阳楼记》折下来，换上了自己的，然后将张照的手书放在船上试图运往别处，不料船行至洞庭湖中时，风浪大作，船翻于湖中，县官和张照手书的《岳阳楼记》碑刻均落入水中，县官被淹死了。在以后洞庭湖的清淤中人们将张照的《岳阳楼记》打捞了上来，因其雕刻于很好的木质之上，张照的手书没有因水泡受到太大的损坏。由于县官和张照的两块《岳阳楼记》的笔迹太相似了，都算得上是书法中的珍品，所以真假两块《岳阳楼记》的碑刻就同时挂在岳阳楼的一层和二层了。

第三章 华中与华南古楼

岳麓山上爱晚亭

爱晚亭与醉翁亭、西湖湖心亭、陶然亭并称"中国四大名亭",是革命活动胜地,为省级重点文物保护单位。

爱晚亭始建于清乾隆五十七年(1792年),坐落在湖南省长沙市的岳麓山上。亭在三峰环抱之中,四周为枫林,一入深秋,满山红叶,景色迷人。爱晚亭,原名"红叶亭"。旧载,清诗人袁枚据唐诗人杜牧诗"停车坐爱枫林晚,霜叶红于二月花"改现名。近来据研究,实系清代学者毕沅任湖广总督时所改。毛泽东在长沙读书期间,常与蔡和森、罗学瓒等进步学生来此学习,研究和探讨革命真理。现亭为1952年重修,毛泽东亲题"爱晚亭"匾额。

北京陶然亭公园楼亭

爱晚亭坐西向东,三面环山。经过同治、光绪、宣统、民国至新中国成立后的多次大修,逐渐形成了今天的格局。亭形为重檐八柱,琉璃碧瓦,亭角飞翘,自远处观之似凌空欲飞状。内为丹漆园柱,外檐四石柱为花岗岩,

湖心亭牌匾

中国古代楼阁
ZHONG GUO GU DAI LOU GE

毛泽东亲提爱晚亭牌匾

亭中彩绘藻井,东、西两面亭楞悬以红底鎏金"爱晚亭"额,是由当时的湖南大学校长李达专函请毛泽东主席所书手迹而制。亭内立碑,上刻毛泽东主席手书《沁园春·长沙》诗句,笔走龙蛇,雄浑自如,更使古亭流光溢彩。该亭三面环山,东向开阔,有坪纵横十余丈,紫翠菁葱,流泉不断。亭前有池塘,桃柳成行。四周皆枫林,深秋时红叶满山。亭前石柱刻对联:"山径晚红舒,五百夭桃新种得;峡云深翠滴,一双驯鹤待笼来。"爱晚亭古朴典雅,平面呈正方形,边长6.23米,通高12米。内金柱圆木丹漆,外檐柱四根,由整条方形花岗石加工而成。亭顶重檐四披,攒尖宝顶,四翼角

爱晚亭传统建筑

边远伸高翘，覆以绿色琉璃筒瓦。

爱晚亭在我国亭台建筑中，影响甚大，堪称亭台之中的经典建筑。

第二节 湖北古楼

武汉黄鹤楼

黄鹤楼始建于三国时期东吴夺回荆州之后（223年）。最初建楼的目的是东吴为了防御蜀汉刘备的来犯，作为观察瞭望之用。历史上关于黄鹤楼有很多有趣的传说，其中流传最广的是，有一户姓辛的人家，在黄鹄矶上开了一个小酒馆，他心地善良，生意做得很好。一次，酒家热情地招待了一个身着褴褛道袍的道士，并分文不收，而且一连几天都是如此。一天，道士酒后用橘子皮在墙上画了一只黄鹤，随后两手一拍，墙上的黄鹤竟跳到桌旁翩翩起舞。道士对这个姓辛的酒家说，画只黄鹤替你们招揽生意，以报答酒家的款待之情。从此以后，来此饮酒观鹤的人越来越多，一连10年，酒店的生意都十分兴隆。酒家也因此一天天地富裕起来。酒家为了感谢道士，用10年来赚下的银两在黄鹄矶上修建了一座楼阁。起初人们称之为"辛氏楼"。后来，为了纪念道士和黄鹤而改称"黄鹤楼"。

黄鹤楼在历史上就是文人墨客汇聚的场所，并留下了很多不朽的名篇。唐代诗人崔颢的七律——《黄鹤楼》："昔人已乘黄鹤去，此地空余黄鹤楼。黄鹤一去不复返，白云千载空悠悠。晴川历历汉阳树，芳草萋萋鹦鹉洲。日暮相关何处是？烟波江上使人愁。"将黄鹤楼的地理、环境、传说和楼的雄姿，表达得淋漓尽致，以至于唐代大诗人李白到此之后，想写诗赞颂黄鹤楼，因为看到了崔颢的佳作，不得不发出"眼前有景道不得，崔颢题诗在上头"的感叹。历代登楼赋诗者众多，仅唐代就有崔颢、李白、王维、孟浩然、顾况、韩愈、刘禹锡、白居易、杜牧等等。像李白所写的《黄鹤楼送孟浩然之广陵》："故人西辞黄鹤楼，烟花三月下扬州。孤帆远影碧空尽，惟见长江天际流。"全诗气势磅礴，情景交融，古往今来一直被人们所称道。

今天我们所看到的黄鹤楼，是1984年武汉市人民政府重新修建的。因修建武汉长江大桥而将其从原来的黄鹄矶移到了蛇山的高观山上。黄鹤楼是一座钢筋混凝土仿木结构建筑，高51米，仅次于滕王阁，从外表看为五层，实际上还有五个夹层，共有十层。底层外檐柱对径为30米，中部大厅正面墙上设大片浮雕，表现历代有关黄鹤楼的神话传说；三层设夹层回廊，陈列相关的诗词书画；

黄鹤楼古建筑

二、三、四层外有四面回廊,可供游人远眺;五层为望厅,可在此观赏大江景色。附属建筑有仙枣亭、石照亭、黄鹤归来小景等。黄鹤楼是现代武汉市的标志和象征。黄鹤楼与湖南岳阳楼、江西滕王阁并称"中国三大名楼"。

  黄鹤楼为攒尖顶,层层飞檐,四望如一。在主楼周围还建有胜象宝塔、碑廊、山门等建筑。整个建筑具有独特的民族风格。黄鹤楼内部,层层风格都不一样。底层为一个高大宽敞的大厅,其正中藻井高达10多米,正面壁上为一幅巨大的"白云黄鹤"陶瓷壁画,两旁立柱上悬挂着长达7米的对联:爽气西来,云雾扫开天地撼;大江东去,波涛洗净古今愁。二楼大厅正面的墙上,有用大理石镌刻的唐代阎伯谨撰写的《黄鹤楼记》,它记述了黄鹤楼的兴废沿革及相关的名人轶事。楼记两侧为两幅壁画,一幅是"孙权筑城",形

黄鹤楼石刻古迹

象地说明了黄鹤楼和武昌城相继诞生的历史；另一幅是"周瑜设宴"，反映了三国名人在黄鹤楼的活动。三楼大厅的壁画为唐宋名人的"绣像画"，如崔颢、李白、白居易等，也摘录了他们吟咏黄鹤楼的名句。四楼大厅用屏风分割成几个小厅，内置当代名人字画，供游客欣赏、选购。顶层大厅有《长江万里图》等长卷、壁画。

　　黄鹤楼的四方匾额是东方"楚天极目""帘卷乾坤"；南方"南维高拱""势连衡岳"；西方"黄鹤楼""气吞云梦"；北方"斗极平临""云横九派"。"黄鹤楼"（楼西）系中国书法家协会第一任主席舒同老人所写。"楚天极目"（楼东）这四个字是取自于毛泽东词作"万里长江横渡，极目楚天舒"，寓意是登上黄鹤楼祖国的大好国土尽在面前目今。"北斗平临"（楼北）武汉陶述曾书，斗极即斗极星，因其星座在北方，形状如斗寓意为站在黄鹤楼上，遥望斗极，顿觉兴味怡然，斗极星与自己一样高，一样平，形容楼之高。"南维高拱"（楼南）武汉李尔重书，南维：指南边星宿；高拱：高高在上，平安稳坐的意思寓意为黄鹤楼面临南边群星绚烂，高高在上，犹如磐石一样稳定。"帘卷乾坤"（一楼东）北京方颜书，乾坤古代指天地，阴阳的两对立个面今指宇宙这里寓意为黄鹤楼以外辽阔的大自然，全被卷入眼帘。《云横九派》（一楼北）武汉邓少峰书，九派指长江很多支流收集入海古有"江分九派"之说法。"云横九派"取自毛泽东诗句"云横九派浮黄鹤"描摹长江支流收集汉江云水迷茫，烟波众多的磅礴气魄。"势连衡岳"（一楼南）黄鹤楼气魄宏伟，宛如与千里之外的南岳趁热打铁，组成一幅"拔地向天，耸翠如屏"的气魄。"气吞云梦"（一楼西）北京赵朴初书，由唐代墨客孟浩然诗句"气吞云梦泽，波撼岳阳城"演变而来，极言黄鹤楼气魄之盛。

第三章 华中与华南古楼

黄鹤楼的小传说

乾隆年间,有三个进士一起从京城返乡。一个是河南的,一个是四川的,一个是湖北的,午饭时刻,他们在一酒馆聚酒,谈起家乡的名俗景观,均夸口赞叹。河南进士道:"河南有个开封塔,离天只有一丈八。"四川进士道:"四川有个峨眉山,离天只有三尺三。"

此时,只见湖北进士仍慢悠悠的吃着酒,两人目光齐刷刷向他投去,湖北进士呷了一小口,大声摇头晃脑:"湖北有个黄鹤楼,半截伸在天里头。"两进士不服,都说不可能,要罚湖北进士酒,湖北进士仍慢吞吞道:"若不信,乘船游。"湖北进士通晓天文地理,能观星象,知道三日后即有大雾,便邀约两人游江,及至长江黄鹤楼脚下,此时黄鹤楼上大雾弥漫,顶端全像是没入云里,两人便齐赞:"湖北的黄鹤楼果然名不虚传。"

汉阳晴川阁

晴川阁位于湖北省武汉市汉阳区晴川街,坐落在长江北岸、龟山东麓的禹功矶上,北临汉水,东濒长江,与黄鹤楼隔江对峙,又名"晴川楼""南楼""白云阁"。其阁名取自崔颢《黄鹤楼》中的诗句"晴川历历汉阳树,芳草萋萋鹦鹉洲",被誉为"楚国晴川第一楼"。

晴川阁始建于晋,明崇祯九年(1636年)重建,原楼毁于风灾,明、清两代先后进行了多次重修,规模一次比一次宏大。现在我们所看到的为1983年所建,阁高39.7米,地上4层,地下2层,占地386平方米,十字脊歇山顶,琉璃瓦,层层飞檐,建筑典雅透逸,古朴庄重。麻石台基,红墙朱柱,重檐歇山顶黑筒瓦屋面,钢筋混凝土仿木结构,门窗栏杆为木质,朱漆彩绘。屋面四角向外伸出,深出檐,高起翘。正面牌楼悬挂"晴川阁"金字巨匾。其北侧为"园中园",园中青草如茵,竹木葱茏,瘦石嶙峋,幽静雅致。晴川阁再现了楚人依山就势筑台,台上建楼阁的雄奇风貌,并富有浓郁的楚文化气息。两层飞檐四角铜铃,迎风作响;大脊两端龙形饰件,凌空卷曲,神采

武汉晴川阁禹碑亭

飞动；素洁粉墙，灰色筒瓦；两层回廊，圆柱朱漆；斗拱梁架，通体彩绘；对联匾额，字字贴金。总体上晴川阁的装修构件以木石为主，在门窗上采用了玻璃及少量金属部件。

晴川阁是湖北省重点文物保护单位。因与对岸黄鹤楼隔江对峙，相映生辉，被称为"三楚胜境"。名冠四方的楼阁隔岸相对，在万里长江上惟此一处。

晴川阁的历史虽然没有黄鹤楼、岳阳楼那样悠久，但由于其所处的独特的地理环境、独具一格的优美造型以及诸多文人名士的赞咏，赢得了重要的历史地位。

晴川阁于1986年10月1日正式对外开放。1992年，禹稷行宫、晴川阁被湖北省政府公布为省级文物保护单位。1995年被命名为武汉市爱国主义教育基地。1999年荣获"湖北省十佳文博单位"。2002年被国家旅游局评定为3A级景区。

现在的晴川阁建筑群占地约1万平方米，平面呈三角形，由晴川阁、禹稷行宫、铁门关三大主体建筑和禹碑亭、朝宗亭、楚波亭、荆楚雄风碑、禹碑、敦本堂碑以及牌楼、临江驳岸、曲径回廊等十几处附属建筑组成。复建后的晴川阁，以南方建筑风格为主，融合南北建筑风格之长，使楼阁的雄奇、行宫的古朴、园林的秀美浑为一体，成为武汉市著名的文物旅游景观。

第二节
河南古楼

濮阳玉皇阁

濮阳玉皇阁始建于明朝弘治年间（1531年），位于河南省濮阳县城内西北隅的高岗之上。阁旁有"千年古槐"，亭台楼阁和古树交相辉映，十分壮观。正殿为高大的八角阁楼，殿内供奉着"玉皇大帝"神像。每年农历正月初九是玉皇大帝的生日，是天下君王、百姓祭天的好日子。每年的这一天，众多来自全国各地的人为祈求上天保佑，扶老携幼从四面八方赶来，唱大戏、玩杂技及进行各种民间文化活动，人群聚集，香烟缭绕，持续九天，热闹非凡。

不幸的是，在日军侵华期间占领了濮阳市，拆庙毁殿，盖炮楼，修工事，使玉皇阁变成了一堆瓦砾，至中华人民共和国成立前，只留下民众用砖头垒砌的小庙。

为保护这一历史文物，弘扬传统文化，促进和谐团结，振兴经济，发展濮阳，2009年，濮阳县城北街居委会、红卫居委会、胜利居委会及各乡镇、周围各县市居民经过不懈努力，自觉捐资60多万元，并成立了濮阳县玉皇阁筹建委员会。

2009年5月10日，玉皇阁奠基，历时8个月。同年12月10日竣工，重建了壮丽的玉皇阁，重塑了玉皇大帝金身铜像，从而使这一历史文物得以留存。

玉皇阁为两层建筑楼房（楼上和地下）。楼上正中神龛内供玉皇大帝金身铜像（两侧分别为金童玉女），两侧供有太白金星、托塔李天王，及四大天王（东方持国天王、南方增长天王、西方广目天王北方多闻天王），故又称"神霄万灵阁"。

开封矾楼

开封矾楼，一说为"樊楼"，原名"白矾楼"，后来更名为"丰乐楼"。相传矾楼位于宋都御街北端，为北宋东京七十二家酒楼之首，宋徽宗与京都

矾楼

名妓李师师常在此相会。随着岁月的流逝,矾楼已荡然无存,但其盛名却流传下来。据《东京梦华录》记载,重建的矾楼是由东、西、南、北、中五座三层楼阁所组成的庭院式的仿宋建筑群。

矾楼基本上是按宋代"营造法式"进行设计和施工的,建筑面积达5000平方米,朱门绣窗,古色古香,十分气派。整个建筑檐角交错,高低起伏,富丽堂皇。东楼的屋顶由4个九脊殿(歇山式)、30个翼角、12条屋脊组成整体屋面。中心楼的二楼是历史陈列室,三楼布置的是李师师的书斋、琴房和卧室。西楼三楼上设有宋徽宗的御座。矾楼三层相高,五楼相向,飞桥栏槛,明暗相通。

知识链接

宋徽宗、李师师与矾楼

在我国历史上,矾楼是北宋都城东京最著名的大酒楼。北宋时期,东京城内酒楼之盛,名扬天下。矾楼吸引着无数富商豪门、王孙公子、文人骚客来此游玩。然而,最让人津津乐道的,还是宋徽宗与李师师在矾楼饮酒作乐的一段往事。宋徽宗对诗词百戏、书法绘画,无所不精。李师师乃东京著名歌妓,其小唱在瓦肆伎艺中独占鳌头。两位艺术家探讨艺术,交往频繁。宣和六年(1124年),宋徽宗册李师师为瀛国夫人。矾楼上专门设置御座侍奉宋徽宗与李师师。

如今,矾楼将吃、喝、游、乐、购融为一体,是开封目前最大的仿宋游乐中心。

第三章 华中与华南古楼

第三节 广东与广西古楼

普宁文昌阁

广东普宁文昌阁是清代抗英禁毒、虎门销烟的民族英雄林则徐(1785—1850年)病逝时的旧址,闻名国内外,同时也是普宁市文物保护单位,揭阳市、普宁市爱国主义教育基地。当年,林则徐作为钦差大臣,由福建赴广西任所途经普宁驻分司分馆(文昌阁),由于身患重病,不幸溘然长逝。

文昌阁位于普宁故城洪阳城北,初建于康熙六十年(1721年),同治十一年(1872年)重修,至今仍保存完整。文昌阁共三进九间二天井,前进大厅坐北朝南,面阔13.97米,深

林则徐雕像

57.6米,地面铺红砖;中进大厅立四棱形巨石柱,木构架为抬梁式,屋顶是歇山顶;后进为三间(二房一厅)两层阁楼,面阔13.35米,深8米,阁楼高8.2米,重檐。整体建筑风格庄重、古朴、大方。

　　道光十九年(1839年),林则徐受命为钦差大臣来广东查禁鸦片。他顶住清廷投降派的压力,坚决禁毒,严惩贩毒分子,焚销鸦片,大义凛然,并组织官兵抵御西方列强的武力进犯。林则徐忠正无私的高尚品质和大无畏的爱国主义精神彪炳史册,在海内外炎黄子孙的心中留下了不可磨灭的光辉形象。

　　1995年6月26日,普宁青少年禁毒誓师大会在文昌阁举行,进一步体现了禁毒英雄林则徐忠魂归宿处——文昌阁这一名胜古迹的爱国主义教育意义和历史意义。

文昌阁

林则徐忠正无私的高尚品质和大无畏的爱国主义精神，吸引着各界人士来此凭吊。观访文昌阁，人们的心中自然而然会涌起对林则徐的虔诚敬意，以及对制毒、贩毒和侵略者的深恶痛绝。

广州镇海楼

镇海楼位于广州越秀山的山顶，建于明朝初年，迄今已有600多年的历史。当时倭寇不断侵扰我国沿海边陲，地方官员为了加强守卫，取"雄镇海疆"之意，在山顶修建了镇海楼。过去，这里是封建官僚、军阀宴游作乐的地方，现已辟为广州博物馆，陈列着从古至今的广东陶瓷器。镇海楼历经多次修葺，1928年重修时，将木结构的楼板、柱、改为钢筋混凝土。镇海楼两旁有长约170米的明代古城墙。

镇海楼坐落在越秀山的小蟠龙冈上。该楼又名"望海楼"，因当时珠海河道甚宽，故将"望江"变为"望海"。又因楼高五层，故又俗称"五层楼"。楼前碑廊有历代碑刻，右侧陈列有12门古炮。

明洪武十三年（1380年），永嘉侯朱亮祖扩建广州城时，把北城墙扩展到越秀山上，同时在山上修筑了一座五层楼以壮观瞻。镇海楼历史上曾五毁五建，1929年成为广州市市立博物馆。1950年改名"广州博物馆"，分朝代陈列广州城2000多年发展史的文物资料。

镇海楼

镇海楼是广州的标志性建筑之一,为广东省级文物保护单位。全楼高25米,呈长方形,面阔31米,进深16米。下面两层围墙用红砂岩条石砌造,三层以上为砖墙,外墙逐层收减,有复檐5层,绿琉璃瓦覆盖,饰有石湾彩釉鳌鱼花脊,朱红墙绿瓦砌成,巍峨壮观,被誉为"岭南第一胜览"。

镇海楼气宇非凡,被誉为"岭南第一胜景",先后以"镇海层楼"和"越秀层楼"列为清代和现代的羊城八景之一。清末的楹联:"万千劫危楼尚存,问谁摘斗摩星,目空今古;五百年故侯安在,使我凭栏看剑,泪洒英雄",至今仍悬挂于顶层。

数百年来,诗人、政客每登其上,皆感慨万千,有关镇海楼的名人诗作甚是丰富,教人叹为观止,主要有咏迹怀古、抒怀咏志两个题材。

广西容县真武阁

真武阁坐落在广西壮族自治区容县城东绣江北岸的一座石台经略台上,建于明万历元年(1573年)。登阁远望,隔着南岸广阔的平原,东南山岭巍然矗立,气势雄壮。楼阁本身高13.2米,加上台高近20米,也是周围区域观赏的对象。1982年被国务院定为全国重点文物保护单位。

经略台始建于唐乾元二年(759年)。著名诗人元结到容县都督府任容管经略使,在容州城东筑经略台,用以操练兵士,观览风光。明朝初年在经略台上建真武庙,明万历元年(1573年)将真武庙增建成三层楼阁,这就是现在的真武阁。

真武阁是一座布局精巧、技术高超、风格独特的木构建筑物,显现出中华古代文明的建筑成就。真武阁有这样一个传说。古时候,人们非常迷信,他们住的地方也非常干燥,稍不留神,就会引起火灾,甚至造成严重的损失。由于起火多次,他们就开始怀疑是上天的火神与他们过不去。于是就修筑了

第三章 华中与华南古楼

真武阁赈灾。真武阁就这样建成了,并保留至今。

真武阁阁楼平面为矩行,一共高三层。真武阁既是周围区域的观赏对象,也是人们旅游的最佳风水宝地。

真武阁的第二、三层比最底层(第一层)小很多,三重屋檐出挑深远而楼层特别低,比一般楼阁的出檐节奏更快,会有一种强烈的韵律感以及动势,使得它在人们眼中不像是一种三层的建筑物,反而更像是一座雄伟的单层建筑,有三重屋檐特色。但是它又比一般重叠的屋檐建筑物更为娇小,更加从容,而且层次特别鲜明。

它的屋坡舒缓流畅,角翘简洁,增加了真武阁舒展大度的气概,非常清新飘逸,而且充分表现了中国建筑屋顶的美丽。真武阁不以浓丽华贵而取胜,而是以轻灵素雅见长;灰黑色的铁黎木不加任何油漆的典雅装饰;屋面为小青瓦上镶绿脊,色调极清雅柔和。

真武阁

在二楼的四根内柱，柱脚悬空，离开楼面 2~3 厘米，更为奇特的是全阁柱脚不落地，而是搁在一个方形的沙盘上，这充分表现了我国古代劳动人民在建筑技术上的卓越才能！

400 多年来，真武阁经历了多次地震与暴风雨的袭击，依旧岿然不动，安然无恙。在木头结构中，真武阁主要依靠一种杠杆来维持建筑的平衡，这是极少见的。

真武阁结构之奇巧，举世无双。400 多年来，真武阁经历了 5 次地震，3 次特大台风，仍安然无恙。真武阁被誉为"天南杰构"，与岳阳楼、黄鹤楼、滕王阁合称江南四大名楼，是惟一一座没有进行重建而完整保留至今的名楼。俯首可见绣江粼粼波光、轻舟悠然来往，远眺则都峤山的巍峨雄姿仿佛就在眼前。1962 年，著名古建筑学家梁思成教授亲自到容县详细考察真武阁后，发表研究论文，将经略台真武阁杰出的建筑艺术公之于世。无数专家、学者、游客纷纷慕名前来研究、参观真武阁。经略台真武阁的建筑体现了中国古代劳动人民的聪明才智。

华北古楼

　　华北地区包括北京市、天津市、河北省、山西省内蒙古自治区两市两省一区。华北地区有着丰厚的历史文化遗存和民俗生活积淀，楼台场馆众多，本章择要介绍一些具有代表性的楼阁。

第一节 北京古楼

故宫文渊阁

北京故宫文渊阁为清宫藏书楼。乾隆三十八年（1773年），皇帝下诏开设"四库全书馆"，编纂《四库全书》。乾隆三十九年（1774年）下诏兴建藏书楼，命于文华殿后规度适宜方位，创建文渊阁，用于专贮《四库全书》，于乾隆四十一年（1776年）建成。

文渊阁位于北京市故宫东华门内文华殿后，坐北朝南，整体仿浙江宁波范氏天一阁设计。从外面看上去，此阁只有上下两层，实际上在腰檐处设有暗层。面阔六间，最西面的房间内设楼梯连通上下。东西两面山墙以青砖砌筑，直至屋顶，显得简洁素雅。屋顶为黑色琉璃瓦顶，绿色琉璃瓦剪边，寓意黑色主水，以水压火，以保藏书楼的安全。阁的前廊设回纹栏杆，檐下倒挂楣子，加之绿色檐柱，以及清新悦目的苏式彩画，更具园林建筑风格。阁前凿一方池，引金水河水流入。池上架一石桥，石桥和池子四周栏板都雕有水生动物图案，灵秀精美。阁后湖石堆砌成山，势如屏障。其间植以松柏，历时200余年，苍劲挺拔，郁郁葱葱。阁的东侧建有一座碑亭，盝顶黄琉璃瓦，造型独特。亭内立石碑一通，正面镌刻有乾隆皇帝撰写的《文渊阁记》，背面刻有文渊阁赐宴御制诗。

作为皇家藏书重地，尤其是紫禁城中专门用于收藏《四库全书》的藏书阁，乾隆帝还特别从文化上赋予了文渊阁不同寻常的深层涵义。鉴于《四库全书》是一部汇集历代典籍精粹、囊括传统文化精华的历史上最大规模的丛书，乾隆帝专门为建造在宫廷禁地和皇家苑囿的四座藏书阁命名。除宫中的文渊阁沿袭明代旧称外，其他三阁分别命名为文源、文津、文溯，此即"四阁之名，皆冠以文。而若渊、若源、若津、若溯，皆从水以立义者，盖取范氏天一阁之为"。也就是说，以文渊阁为代表的内廷四阁之名，皆取法天一阁，体现了以水克火的理念。然而，不仅如此，更为重要的是，乾隆帝还"以水喻文"，进一步阐发了四阁命名的文化意蕴。在乾隆帝看来，博大精深、源远流长的传统文化，如同浩瀚的江河之水，经史子集各为其中的渊源流派。他说："文之时义大矣哉！以经世，以载道，以立言，以牖民，自开辟以至于今，所谓天之未丧斯文也。以水喻之，则经者文之源也，史者文之流也，子者文之支也，集者文之派也。派也、支也、流也，皆自源而分，集也、子也、史也，皆自经而出。故吾于贮四库之书，首重者经。而以水喻文，愿溯其源。"四阁的命名不仅涵蕴了古代典籍知识的浩瀚丰富和传统文化的博大精深，还提醒人们要善于追根溯源，找到读书治学的途径与方法。乾隆帝说："盖渊即源也，有源必有流，支派于是乎分焉。欲从支派寻流以溯其源，必先在乎知其津。弗知津，则蹈迷途而失正路，断港之讥有弗免矣。"因此，文渊阁的名称虽然沿袭明代，但其深层次的文化意蕴，却得益于乾隆

文渊阁

帝的重视和阐发，更渊源于中国古代丰富的典籍与灿烂的文化。

知识链接

《文渊阁记》

（清）乾隆

国家荷天麻，承佑命，重熙累洽，同轨同文，所谓礼乐百年而后兴，此其时也。而礼乐之兴必藉崇儒重道，以会其条贯。儒与道匪文莫阐，故予蒐四库之书，非徒博右文之名，盖如张子所云，"为天地立心，为生民立道，为往圣继绝学，为万世开太平"，胥于是乎系故乃下明诏，勅岳牧，访名山，搜秘简，并出天禄之旧藏，以及世家之独弃。于是浩如渊海、委若邱山，而总名之曰四库全书。盖以古今数千年，宇宙数万里，其间所有之书虽夥，都不出四库之目也。乃抡大臣、俾总司、命翰林、使分校，虽督继晷之勤，仍予十年之暇。夫不勤，则玩日愒时，有所不免；而不予之暇，则又恐欲速而或失之疏略，鲁鱼亥豕，因是而生。语有之，"凡事豫则立，"书之成虽尚需时日，而贮之所，则不可不宿构。宫禁之中，不得其地，爰于文华殿后，建文渊阁以待之。文渊阁之名，始于胜朝，今则无其处，而内阁大学士之兼殿阁衔者，尚存其名，兹以贮书，所为名实适相副。而文华殿居其前，乃岁时经筵讲学所必临，于以枕经菲史、镜己牖民。后世子孙奉以为家法，则予所以继绳祖考觉世之殷心，化育民物返古之深意，庶在是乎！庶在是乎！阁之制一如范氏天一阁，而其详则见于御园文源阁之记。

颐和园佛香阁

佛香阁是颐和园的主体建筑,建筑在万寿山前高 21 米的方形台基上。佛香阁坐北朝南,南对昆明湖,背靠智慧海。以佛香阁为中心,其他各建筑群严整而对称地向两翼展开,形成众星捧月之势,气势相当宏伟。佛香阁高 40 米,八面三层四重檐,阁内对应立有八根巨大的铁梨木擎天柱,结构相当复杂,堪称古代建筑中的精品。

佛香阁是一座宏伟的塔式宗教建筑,"佛香"二字来源于佛教对佛的歌颂。该阁仿杭州的六和塔建造,阁上层榜曰"式延风教",中层榜曰"气象昭回",下层榜曰"云外天香",阁名"佛香阁"。内供接引佛,每月望朔之日,慈禧太后便会在此烧香礼佛。

佛香阁结构复杂,独具匠心,高台矗立,气势磅礴。它将东边的圆明园、畅春园,西边的静明园、静宜园以及万寿山周转十几里以内的优美风景提携于周围,把当时的"三山五园"巧妙地融合为一体,使之成为一个大型皇家园林风景区。据说这座巨大的建筑物被英法联军烧毁后,1891 年花费巨额资金重建,是颐和园最大的工程项目。登上佛香阁,周围数十里的景色尽收眼底。

颐和园宝云阁

宝云阁位于北京颐和园万寿山佛香阁景区的西侧,建于清乾隆二十年(1755 年),俗称"铜殿"或"铜亭"。宝云阁通高 7.55 米,重约 207 吨。其外形仿照木结构建筑的样式,重檐歇山顶,殿的构件如柱、梁、椽、瓦、脊吻兽,甚至连匾额等都像木结构。宝云阁坐落在一个汉白玉雕砌的须弥座上,

颐和园佛香阁

通体呈蟹青冷古铜色。

宝云阁内原有铜铸佛像，清咸丰十年（1860年），英法联军火焚清漪园，铜亭虽幸免于难，但亭内的陈设却被掳掠一空，铜制门窗也遭到严重破坏。1993年，美国工商保险公司董事长格林伯格出资51.5万美元，将10扇铜窗购买，全部无偿赠还颐和园。后经多方努力，才最终恢复了宝云阁的完整。铜亭内现存一张铜铸供桌，重约2吨，曾被侵华日军抢去，直到1945年日本宣布无条件投降时，才从天津追回，放归原处。

在这稀世铜阁的内壁上，镌刻着四个人的名字：杨国柱、张成、韩忠、高永固，可能是此铜阁的铸造人。这个铜阁是采用失蜡法熔模铸造的，这种铸造法是我国古代三大铸造技术之一。据考证，这种铸造法最早始于春秋战国时期，唐、宋以后，有较大发展，成为通常应用的一种铸造技术。随着失蜡铸造法的日益发展，元代设立了失蜡局，专管失蜡铸造。到了清朝，内务府造办等处也设有专职失蜡工匠，铜阁内刻的这四个名字，极有可能是专职的失蜡工匠。铸造时，工匠们要先将铜阁的各种大小构件分别铸造出来，然后再将各种构件连铸在一起，成为一个整体铜阁。铸成这样一座宏丽奇特的铜阁，在我国熔模铸造史上是一项极为突出的成就。

铜阁建成后，乾隆皇帝在阁前的牌坊上，书写了"侧峰横岭圣来参"的诗句。自此后的清朝统治时期，西藏喇嘛到达北京，常来这里念经祈祷，举行参拜仪式。阁后石壁上高约10米的周边莲框，就是诵经时悬挂佛像用的。石壁上方的高阁叫做"五方阁"。"五方"是佛家用语"无方色"，按照佛教

宝云阁

密宗的说法为：东方青，南方赤，西方白，北方黑，中央黄。

紫禁城角楼

紫禁城角楼是由四面凸字形平面组合而成的多角建筑。屋顶有三层：上层是纵横搭交的歇山顶，由两坡流水的悬山顶与四面坡的庑殿组合而成，因这种屋顶上有九条主要屋脊，所以被称做"九脊殿"；中层采用"勾连搭"的方法，用四面抱厦的歇山顶环拱中心的屋顶，犹如众星拱月；下层檐为一

紫禁城角楼

各部分比例协调，檐角秀丽，造型玲珑别致，成为紫禁城独特的标志。

　　紫禁城角楼共有四座，分别坐落在紫禁城的东、南、西、北四个角上。这四座角楼，由于结构奇特，外形美观，装饰绚丽，被人们称为"九梁、十八柱、七十二脊"，是我国古代建筑中的珍品。紫禁城角楼建成于明永乐十八年（1420年），清代加以重修。角楼是紫禁城城池的一部分，它与城垣、城门楼及护城河同属于皇宫的防卫设施。

　　角楼坐落在须弥座之上，周边绕以石栏。中为方亭式，面阔进深各三间，每面8.73米，四面明间各加抱厦一间。由于靠近城垣外侧两面地势局促，故抱厦进深仅为1.6米；而城垣内侧的两面地势较开阔，抱厦进深加大为3.98米，平面成为中点交叉的十字形，蕴含着曲尺楼的韵味，使得角楼与城垣这两个截然不同的建筑形体，取得了有机的联系。

　　角楼由墩台下地面至角楼宝顶高27.5米，由多个歇山式组成复合式屋顶，覆黄色琉璃瓦。上层檐为纵横相交四面显山的歇山顶，正脊交叉处置铜鎏金宝顶。檐下施单翘重昂七踩斗。二层檐四面各加一歇山式抱厦，四角各出一条垂脊，多角搭接相互勾连，檐下单翘单昂五踩斗。下层檐四面采用半坡腰檐，四角出垂脊，用围脊连贯，檐下重昂五踩斗。下层檐和二层檐实际上四面各是一座重檐歇山顶加垂脊集合在一起的屋顶形式。角楼梁枋饰以龙锦枋心墨线大点金旋纹彩画，三交六菱花隔扇门和槛窗极为精致。

　　角楼采用减柱建造法，室内减去四根立柱扩大了空间的利用面积。在房屋构架上采用扒梁式做法，檐下梁头不外露，更加突出了外观上的装饰效果。

北京钟楼

　　北京钟楼位于北二环路中点南侧，老北京内城中轴线的最北端，和它南边的北京鼓楼相距100米。这是古都北京现存著名的一处古建筑。楼内保存

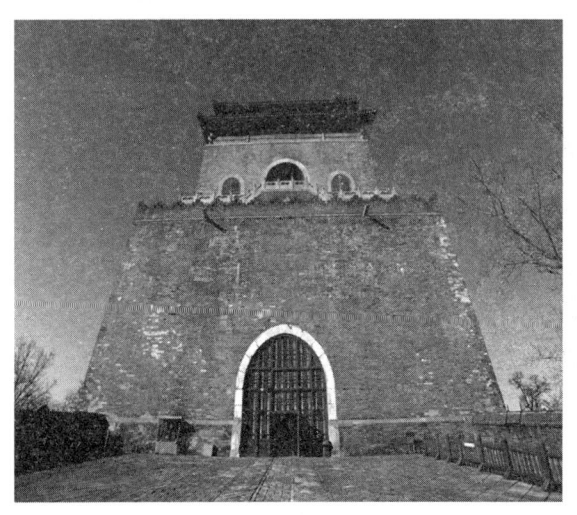

北京钟楼

着我国现存体量最大、分量最重的大铜钟。这口铜钟被专家们誉为"钟王"。

北京钟楼兴修于明成祖永乐十八年（1420年），是在元大都钟楼的旧址上重建的。建成后不久，这座钟楼就在一次大火中被毁了，直到清乾隆十年（1745），人们才用两年的时间重修了钟楼。这也就是我们今天看到的那座雄伟壮观的古建筑。此后，人们对北京钟楼进行过多次维修。

后人吸收了元大都钟楼、明北京钟楼系木制结构建筑易着火被毁的历史教训，在清代重修钟楼时就将它改成了砖石结构。

北京钟楼占地面积达6000平方米。这座重檐歇山式的建筑物通高47.9米。全楼采用五两拱券式结构，稳定牢固。屋面上铺着灰色瓦，绿琉璃镶边，显得庄重。在台基和钟楼的四周有汉白玉石栏杆。钟楼内东侧还修有石台阶72级，可以直上二层。在二层中间的八角形木架上挂着一口大铜钟，这就是古代北京的报时器。

北京钟楼上悬挂的这口大铜钟，筑于明代永乐年间。它和北京觉生寺（大钟寺）内的华严钟一样，是由当时的铸钟厂铸造的。

作为报时、同时也兼作报警的工具，北京钟楼内的大铜钟声音绵长、圆润洪亮。在过去尚无高大建筑物的北京城中，钟楼的钟声可以传播数十里。

第四章 华北古楼

北京鼓楼

北京鼓楼位于北京城中轴线的地安门外大街北端,和钟楼相距约100米。

北京鼓楼在元大都城内,被称为"齐政楼"。这是一座木结构建筑物,曾多次被火烧毁,又多次重修。北京鼓楼在明代永乐十八年（1420）重修。到了清代,嘉庆五年（1800）、光绪二十年（1894）,又两度重修了鼓楼。在此之后,特别是在新中国成立后,人们对北京鼓楼进行过多次维修、彩绘、油漆,使它至今仍保存着雄伟、壮观、秀丽的面貌。

鼓楼占地面积约7000平方米。它被修建在一座高4米、东西宽55米、南

北京鼓楼

北长33米的砖石台基上。台基的南北筑有台阶，可供人上下。台基的东西两侧筑有坡道，便于运送重物。鼓楼是一座外观两层，实为三层的木结构拱券式阁楼建筑物。全楼面宽五间34米，进深20.4米，通高46.7米。屋顶为重檐歇山式，上铺灰色瓦，绿琉璃镶边。在北墙的外侧四周修有回廊，廊宽1.3米。回廊的外侧设有望柱和栏杆。望柱高达1.55米。纵观全楼，红墙朱栏、雕梁画栋，非常雄伟壮丽。

作为古代北京的报时中心，人们还在鼓楼的二层设置了漏壶室，室内安置计时器铜壶滴漏。铜壶滴漏是元代和明代所使用的计时器。到了清代，人们就不再用铜壶滴漏来计时了，改用了时辰香。

过去，北京鼓楼上设有25面大鼓。其中有一面鼓高2米，直径为1.5米。这面鼓是用一张整牛皮绷制而成，制作精美。这面鼓至今还陈列在北京鼓楼上。

知识链接

颐和园文昌阁

文昌阁是颐和园内六座城关（紫气东来城关、宿云檐城关、寅辉城关、通云城关、千峰彩翠城关、文昌阁城关）建筑中最大的一座，始建于乾隆十五年（1750年），1860年被英法联军烧毁，光绪年间重建。主阁为两层，内供铜铸文昌帝君和仙童、铜特。文昌阁与昆明湖西供武圣的宿云檐象征"文武辅弼"。

第四章 华北古楼

文昌阁在颐和园昆明湖东堤北端。原是一座城关，为清漪园的园门之一。城头四隅角廊平呈"人"字形，中间为三层楼阁。中层供奉文昌帝君铜铸像及仙童塑像，旁有铜骡一只，极富特色。

颐和园文昌阁

恭王府戏楼

恭王府戏楼位于北京西城区前海西街，是北京保存最完整的清代王府。其前身是清乾隆时期的宠臣、大学士和珅的府邸。嘉庆四年（1799年）和珅获罪，宅第被没收。到了清咸丰年间，咸丰帝将其赐予恭亲王奕訢，是为恭王府。

恭王府占地46.5亩，其建筑设计富丽堂皇，风景幽深秀丽。其中，恭王府戏楼更是它的一大特色。恭王府戏楼的建筑面积为685平方米，建筑形式是三券勾连搭全封闭式结构。厅内南边是高约一米的戏台，厅顶挂着宫灯，地面由方砖铺就。据说，戏楼下面有几口大水缸可以起到音响的效果，这样，不用借助任何设备，便能在戏楼的任何一个角落听得清楚明白。不过，这里除了演戏之外，还是当年恭王府内举办红白喜事的地方。

恭王府戏楼建筑艺术高超，舞台呈凸出形，这样，台上演员的唱、念、

恭王府戏楼

道、白便可以清晰的传到每一个角落。

天安门城楼

　　天安门城楼位于中华人民共和国首都——北京中心的天安门广场北端，面临长安街。对面是天安门广场以及人民英雄纪念碑、毛主席纪念堂、人民大会堂、中国国家博物馆，是中国古代最壮丽的城楼之一。天安门城楼以杰出的建筑艺术和特殊的政治地位为世人瞩目。1949年10月1日，毛泽东主席在这里庄严宣告："中华人民共和国成立了，中国人民从此站起来了！"并亲自升起了第一面五星红旗。天安门城楼的图案出现在中华人民共和国国徽上，成为中华人民共和国的象征。

第四章 华北古楼

天安门在中国的明朝、清朝两代是两代皇城的正门。天安门始建于明永乐十五年（1417年），原名"承天门"，取"承天启运""受命于天"之意。当时天安门是一座黄瓦飞檐、三层楼的五洞牌坊，朱漆金钉，光彩夺目。一条笔直的中心御道，穿过端门，直通皇宫正门的午门。御道两侧，按左宗庙、右社稷的传统建制排建。御道两侧增筑红墙，一直延伸到天安门外，与两道千步廊相连，成为一个封闭状态的宫廷广场。广场外围，左为文官官署，右为武官官署，充分显示了中央集权的浩浩声势。清顺治八年（1651年），改建为"天安门"，取"受命于天""安邦治民"之意。天安门城楼面前是封闭状态的宫廷广场，文武百官到此下马，庶民百姓不得入内，探头一看，即犯"私窥宫门"的重罪，格杀无赦。

明、清五百年间，国家有大庆典时在天安门举行"颁诏"仪式，是新帝登基、皇后册封而颁诏天下的地方，是皇帝金殿传胪、招贤取士的场所，也是皇帝出征、赴太庙祭祖的必经之路，对老百姓来说，是拒人千里之外的禁区。天安门是人间的琼楼玉宇，集古代建筑艺术之大成。又是封建等级制的形象体现。

1911年辛亥革命以后，宫廷广场两侧紧闭的大门自然而倒，东西长安街变成交通畅行的要道。自此以后，载入中国革命史册的"五四运动""一二·九运动""开国大典""四五运动"等等重大历史事件，都以此为舞台在这里演出。

天安门位于北京城的中轴线上。由城台和城楼两部分组成，有汉白玉石的须弥座，总高34.7米。城楼上60根朱红色通天圆柱，地面由金砖铺成，一平如砥。高大而色彩浓郁的城墙，上有两层重檐楼，盖满黄色琉璃瓦，东西九间，南北五间，象征皇权的"九五之尊"。南北两面均为菱花格扇门，36扇朱红菱花门扉；天花、门拱、梁枋上雕绘着传统的金龙彩绘和吉祥图案；贴金的"双龙合玺"彩锦，团龙图案的天花藻井，使整个大殿庄严雄伟，金碧辉煌。殿内由一个重 450 千克的八角宫灯和 16 个各重 350 千克的六角宫灯组成众星捧月图案。

城台下有券门五阙，中间的券门最大，位于北京皇城的中轴线上，过去只有皇帝才可以由此出入。现在正中门洞上方悬挂着巨大的毛泽东画像，两边分别是"中华人民共和国万岁"和"世界人民大团结万岁"的大幅标语。

天安门前开通的金水河，一枕碧流，飞架起七座精美的汉白玉桥，一般称为"金水桥"。桥面略拱，桥身如虹，构成绮丽的曲线美。在王朝帝国时代，中间最突出的一座雕着蟠龙柱头的桥面，只许皇帝一人通过，叫"御路桥"；左右两座雕有荷花柱头的桥面，只许亲王通过，叫"王公桥"；再两边的，只许三品以上的文武大臣通过，叫"品级桥"；最靠边的普通浮雕石桥，供四品以下官吏和士兵通过，叫"公生桥"。桥南东西两侧，各有汉白玉石华表矗立，云绕龙盘，极富气势。

天安门城楼

知识链接

《江山永泰图》

应北京天安门地区管委会之邀,著名潮籍山水画家马流洲历时6个月创作了一幅高2.6米、宽5.8米的《江山永泰图》,悬挂在天安门城楼中厅。从2006年国庆前夕悬挂以来,每天接待了数以万计的中外游客在画幅前流连观赏。这幅精心构思创作的《江山永泰图》,以奇特的构思、浓烈的笔墨和粗犷的线条,勾勒出一幅巍峨雄浑的泰山图。画家借泰山讴歌和谐盛世,表达了对祖国未来的深情祝福。

 ## 正阳门城楼

正阳门城楼俗称"前门城楼""前门楼子",是北京内城的南城墙正门,是古都北京留下的重要古建筑之一,也是今日尚存的老北京旧城城门城楼的重要代表。1988年,国务院将其列为全国重点文物保护单位。

正阳门城楼是在明成祖当政时期,与明代北京城一起同时修建的。据记载,这座城楼建成于明永乐十七年(1419年)。

正阳门在砖砌的城台上建有城楼,占地3047平方米,城台高13.2米,南北上沿各有1.2米高的宇墙。城台正中辟有券门,门内设千斤闸。城楼高两层,为灰筒瓦绿琉璃剪边,重檐歇山式三滴水结构。城楼的楼上、楼下四面均有门。面宽七间,进深三间。上下均有回廊。楼身宽36.7米,深16.5

正阳门城楼

京所有箭楼中最高大的一座。箭楼设四层箭孔,每层13个(内城其余八门箭楼为每层12个箭孔),东西各设4层箭孔,每层4孔。正阳门箭楼的形式比较独特,一直被看作是老北京的象征。

德胜门箭楼

德胜门箭楼坐落在今天北京市二环路的西段,位于德胜门立交桥和北护城河之间。它是北京内城九座城门之一,也是北京现在仅存的两座箭楼之一。始建于明正统二年(1437年)。此后,历代都对城门和箭楼进行过维修。

在明、清时期,德胜门是兵车进出之门。因"德胜"与"得胜"同音,故取此名,寓意吉利。

第四章 华北古楼

德胜门城楼建筑

北京有一句老话:"先有德胜门,后有北京城。"这句话说明德胜门(包括箭楼)的建筑历史之早。明洪武元年(1368年),大将、开国元勋徐达率兵攻入了元大都。元代宣告灭亡。为了更好地保卫北京城,徐达将元大都的北城墙向南移了五华里,并在北城墙的东段和西段各开了一座城门,东边的叫安定门,西边的叫德胜门。明代北京城是在永乐十八年(1420年)建成的。可见,德胜门的名称比明代北京城的完全建成要早52年。所以,"先有德胜门,后有北京城"这句话并非虚传。

自徐达初建德胜门,历朝历代都先后对它进行了加固、维修或重建。同老北京城内的其他城门一样,德胜门也由城楼、箭楼和城楼、箭楼之间两侧城墙围城的瓮城等三部分组成。德胜门箭楼由城楼和城台两部分组成。然而,德胜门的箭楼却另有特色:城楼下边没有门洞,不设城门。人们若要登临城门。必须从瓮城两边的侧门进入。

德胜门箭楼修建在一个高大结实的砖石城台上，城台高 12.6 米，东西宽 39.5 米。在城台上面四周修有雉堞和女儿墙。箭楼坐南朝北，它的平面呈倒置的"凸"字形。城台北侧的箭楼楼体，面宽七间，南北进深二间，高 19.3 米。

德胜门箭楼是一座重檐歇山式的建筑物。屋顶铺着灰筒瓦，绿琉璃剪边。箭楼共分四层。由于它处在迎敌的一面，在它的东、北、西三面共开有箭窗 82 个。其中，靠北的一面设箭窗 48 个；东面和西面各设箭窗 17 个。

德胜门箭楼是北京市的重点文物，也是北京市的一大旅游胜地。

故宫午门城楼

据史料记载，故宫的午门始建于明代永乐十八年（1420 年），重修于清代顺治四年（1647 年）。我们今天看到的午门城楼，就是顺治年间重修后的遗物。以后又经过多次维修和油漆，午门城楼仍保持着昔日的光彩。午门是明、清皇宫宫城——紫禁城的正门，位于天安门、端门之后。进入午门，通过太和门就可以到达金銮宝殿——太和殿了。

午门城楼建筑在一处高大的砖石台基上，平面呈一个倒置的"凹"字形。午门城楼由五座楼、亭组成，正楼居中，两侧各有两座亭子。状似大雁展翅，因此俗称"五凤楼"。正楼高 35.6 米，面宽九间，这是我国古代建筑中最高级的建筑形式。东、西两端的翼亭，称为"观"或者"阙"。正楼两侧四座亭子的屋顶上，都铺着金光灿烂的黄色琉璃瓦。黄瓦、红柱和台基上的汉白玉石栏杆、涂成红色的台基墙面相互辉映，使午门城楼显得更为辉煌、华贵。

午门城楼下的台基开有三个门洞，左右两侧还各开有一个掖门。每个门洞都设有大门两扇，每扇大门都安装有铜铸鎏金的门钉九排，每排九颗，共有门钉 81 颗。

五个门洞中最中间的一个称为"御道"。按规定这条御道只准皇帝一人通行。然而，在非常特殊的情况下，这条御道也可允许极少数的人出入，比如，在皇帝正式结婚的时候，皇后可以走一次，通过这条御道进入宫中；皇帝通过殿试录取的前三名进士——状元、榜眼、探花，也可以在这条御道上走一次，通过御道走出皇宫。午门两侧的门洞是文武百官和王公大臣进出皇宫宫城的通道。

午门不仅是皇帝大婚、祭天、祭地、祭祖和王公大臣上朝、退朝出入的通道，而且也是明、清两朝举行大典、宴请群臣的地方。

第二节
河北古楼

宣化清远楼

在河北省张家口市古城宣化正中，有一座气势雄伟、造型别致、结构精巧的高大古楼，它就是被人们誉为"第二黄鹤楼"的清远楼。

清远楼，又名"钟楼"，始建于明成化十八年（1482 年），全楼高 25 米，是一座重檐多角十字脊歇山顶的高大建筑。楼建在高 8 米的十字券洞上，南与昌平，北与广灵，东与安定，西与大新四门通衢。楼内悬有明嘉靖十八年

（1539年）铸造的"宣府镇城钟"一口，高2.5米，口径为1.7米，重约万斤，用四根通天柱架于楼体上层中央。钟声悠扬宏亮，可传40余里，颇负盛名，故清远楼又俗称"钟楼"。清远楼的建筑风格独特，为我国古代建筑的精品，现为全国重点文物保护单位。

清远楼与城内镇朔楼、拱极楼成一轴线。券洞内500年前的铁轮车辙明显可见。从楼外看去有3层，里面实际为2层，通高25米，楼阁高17米，为三开间，六塔椽，前后明间出抱厦，四周有游廊，支立24根粗大廊柱。上搪为绿色琉璃瓦顶，腰搪、下搪为布瓦顶。梁架斗拱精巧秀丽，循角飞翘，生气盎然。楼上层搪下，悬挂4块匾额，南曰"清远楼"，北曰"声通天籁"，东曰"耸峙严疆"，西曰"震靖边氛"。该楼造型别致，结构精巧，可与武汉黄鹤楼媲美，在国内同属中较罕见。该楼建筑独具一格，为我国古代精美的艺术建筑之一。

从清远楼的正上方向下看，在7.5米高的青瓦堆积的底座上，高17米的

宣化清远楼

楼身很像十字形的建筑物。楼台底座开有东西南北四个左右对称的拱形城门。清远楼高三层，楼顶采用歇山式屋檐构造，整楼皆用青瓦、木材建成。楼上有五间开间房，三间进深房，四周设一环形走廊。楼檐是由堪称工艺品的梁、柱以"升"字形支撑，所以檐角那中国传统建筑式样的反翘，至今看上去仍会使人联想到腾空而起的情形。日本的建筑大师伊东忠太博士曾著书《东方的建筑史研究》称赞清远楼采用的建筑技术与手法乃世上绝无仅有。恰恰是由于其木构技法的卓越之美，故被后人称为"第二个黄鹤楼"。

明朱元璋第十九子曾在清远楼西侧建上谷王府，屯兵以御外敌。1744年，乾隆皇帝北巡路过宣化府，投白银10万两重修清远楼。1900年，八国联军入侵宣化，义和团首领大阿吾曾在清远楼鸣钟聚义，率众设伏于城北烟筒山处，痛击联军，杀死德军指挥官约克上校。"文革"期间，清远楼遭受严重破坏。1986年，文化部主持对清远楼进了全面修复。修复后的清远楼碧瓦青砖，金龙玉兽傲首长空，飞檐翘角，宏宇轩昂，廊柱斗拱，披红挂翠，雕梁画栋，富丽堂皇。古钟高悬，风铃叮当，显得古朴、典雅、雄伟、壮观。1988年，清远楼被列为全国重点文物保护单位。

清远楼建筑独特，造型精美，别具一格，全国罕见。这一珍贵的历史文物，是中国高超的古代建筑艺术佳作之一，具有较高的建筑艺术价值，对研究中国古代建筑史有着重要作用。

山海关澄海楼

澄海楼，又名"知圣"楼，坐落在河北省秦皇岛市山海关地区，位于燕山山脉的支脉松岭入海处的冈阜上，气势十分雄伟。澄海楼和它所在的宁海城、老龙城一起，构成了一组军事防御工程，通过长城的城墙与山海关关城相连，成了山海关军事防御体系中一个重要的组成部分，战略地位险要，历

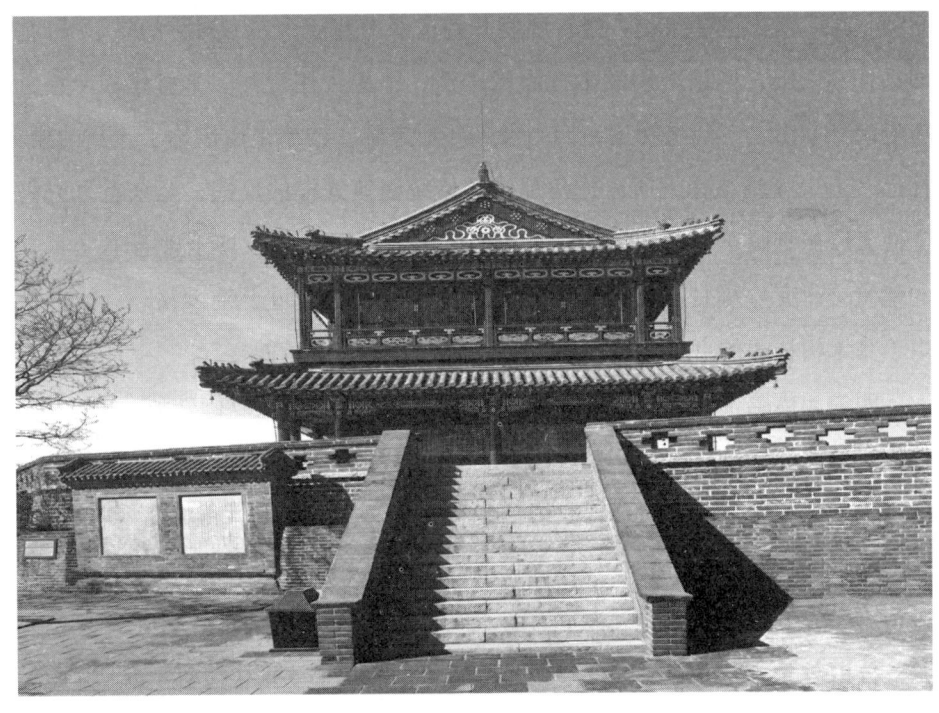

澄海楼

来为兵家所重视。同时，澄海楼也是山海关老龙头景区的主要景点，是万里长城东部起点上的第一座城楼，距山海关城南 5 千米的入海处老龙头上，湮没多年的观海名胜澄海楼最近重新修复，并向游人开放。

澄海楼的前身为明朝初年修建的"观海亭"，明万历三十九年（1611年），兵部主事将观海亭扩建为澄海楼。"澄海"即"大海澄清，海不扬波"，象征圣人治国，天下太平。它矗立在地势险峻的老龙头上，背山面海，仿明式大木架结构建造。九脊歇山式，二滴水明式建筑，外设围栏，内设桌椅。登楼远眺，波涛汹涌，云水茫茫，极为壮观。楼上悬有乾隆御笔亲书的"澄海楼"和明大学士孙承宗题写的"雄襟万里"匾额。

"海亭风静"与"天开海岳"

从澄海楼俯身下望,只见海浪激荡,飞涛如雪;极目远眺,海天一色,巨浪奔涌,气吞海岳,不禁使人豪情满怀。更为奇特的是,有时海面上风号雷吼,浊浪排空,岸上风声阵阵,木摇草伏,而登上澄海楼观海的人却丝毫也感觉不到喧嚣,心里只有宁静,这便是闻名古今的"海亭风静"胜景。

传说夜间在此登楼还有可能欣赏到"沧海明珠"的奇观。夜深风静之时,澄海楼对面的大海上,会忽然间群星璀璨,光芒四射,犹如出现了一个闪烁的灯市,五彩纷呈,令人陶醉。据说这是因为老龙头一带海里盛产大蚌,众多大蚌在张嘴时露出腹中的珍珠,就形成了这种不可多见的奇景。

澄海楼前有一块古碑,高2.65米,宽0.7米。碑上有四个赫然大字:"天开海岳",字体浑厚古朴,遒劲苍郁。这四个字将老龙头一带海阔天高、山岩耸峙的气势描绘得淋漓尽致。传说这是唐代名将薛仁贵当年东征高丽时所立。1900年,八国联军入侵山海关时,澄海楼被毁于一炬,仅存"天开海岳"碑。不久,这块石碑又被英国军队挖弹药库时推倒。1927年,张学良将军到老龙头浴场游泳,偶然发现了这块石碑,才命人将其重新树立起来。

承德普宁寺大乘之阁

大乘之阁，又名"三样楼"。因人们希望得道发财，便取"三阳开泰"之意，于是又把这座楼叫做"三阳楼"。

大乘之阁坐落在河北省承德市避暑山庄东门外北侧1500米处的普宁寺内。它是普宁寺的主体建筑，也是全国一座著名的古代楼阁式建筑物。这座楼阁式建筑不但具有重大的建筑价值，同时还具有重大的历史价值和文化价值。大乘之阁和它周围的建筑，形象地再现了藏传佛教的宇宙观，表现了藏传佛教对世界的看法。阁中的木雕观音菩萨像，不但体量高大，而且雕刻精细，是我国古代佛教文物中的珍品。

据记载，大乘之阁和它所在的普宁寺兴建于清朝乾隆二十年（1755年），距今已有260年的历史。乾隆年间，清军平息了蒙古准噶尔部的叛乱，都尔伯特等四部蒙古族归顺之后，为了纪念这次重大的历史事件，因而修建了这一组大型古典建筑。

大乘之阁是一座高大的木结构楼阁式建筑，高36.65米。从外观上看，前面6层，后面4层，左、右两面各有5层。在第五层的四个角上，各建有一个四角攒尖式的屋顶，上置鎏金铜宝顶。在第六层的正中，又修有一个四角攒尖式的屋顶，顶上同样安有一个鎏金铜宝顶。这五个四角攒尖式的屋顶上都铺着黄色琉璃瓦，它们和鎏金铜宝顶一起，在阳光的照耀下熠熠生辉。这五个攒尖

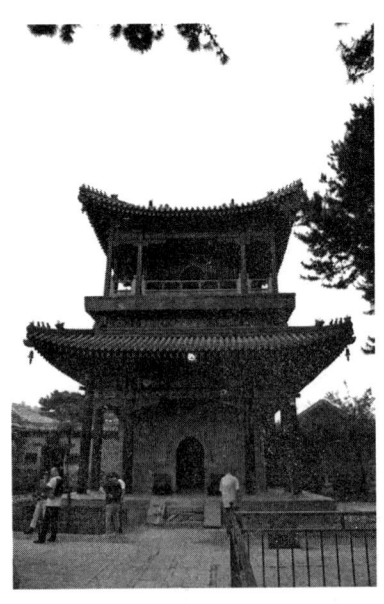

河北承德普宁寺钟楼

顶构成了一个立体的曼陀罗，这是藏传佛教建筑的特有形式。

在大乘之阁的前面，悬挂着一块匾，匾上用汉、满、蒙、藏四种文字书写着"大乘之阁"的字样。

大乘之阁由24根大木柱支撑。柱梁相连，斗拱支撑，结实牢固，具有很强的抗震能力。

从此阁的外形上看，虽然各面的层数并不相同，但阁内却只有三层，而且由下到上，逐层收缩。第二层和第三层为回廊式建筑，中间形成一个空井，供奉有木雕观音菩萨像。

大乘之阁修建在一个石台基上，周围有石栏杆围绕着。台基前面有三座台阶。中间的一座刻着双龙戏珠的图案，这是御道；两边的石台阶才是其他人员的通道。

承德避暑山庄烟雨楼

避暑山庄烟雨楼位于河北省承德市，居于如意洲的东北、热河泉的西南，是山庄中一处重要的景点。避暑山庄烟雨楼于乾隆四十五年（1780年）动工，四十六年（1781年）竣工。

烟雨楼位于避暑山庄如意洲之北的青莲岛上。楼自南而北，前为门殿，后有楼两层，红柱青瓦，面阔五间，进深二间，单檐，四周有廊。上层中间悬有乾隆御书"烟雨楼"匾额。楼东为青阳书屋，是皇帝读书的地方，楼西为对山斋，

避暑山庄

承德避暑山庄里的烟雨楼牌匾

两者均三间,楼、斋、书屋之间有游廊连通,自成精致的院落。东北为一座八角轩亭,东南为一座四角方亭,西南叠石为山,山上有六角凉亭,名"翼亭",山下洞穴迂回,可沿石磴盘旋而上,也可穿过嵌空的六孔石洞,出日嘉门,到烟雨楼。烟雨楼为澄湖视高点,凭栏远望,万树园、热河泉、永佑寺等一览无余。夏、秋时湖中荷莲争妍,湖上雾气漫漫,状若烟云,别有一番景色。

乾隆皇帝赋诗道:"最宜雨态烟容处,无碍天高地广文。却胜南巡凭赏者,平湖风递芍荷香。"山庄秀美的湖光山色,众多的琼楼玉宇,吸引了电影、电视剧的导演们把山庄作为拍摄基地,电视剧《还珠格格》就是在此拍摄的。

知识链接

正定隆兴寺大悲阁

大悲阁，又名"佛香阁""天宁阁"，坐落在河北省正定县隆兴寺内。大悲阁是寺内的主体建筑之一，高33米，五檐三层，面阔七间，深五间，歇山顶，上盖绿琉璃瓦，外形庄严端正。北宋开宝四年（971年），宋太祖驻跸正定，于七月在隆兴寺建大悲阁，并在阁内修建了铜铸的大悲菩萨像。铜佛有42只手臂，故又名"千手千眼观音"，通高22米余，下有2.2米高的石须弥座，是我国现存铜像中最高的一座。像体纤细颀长，比例匀称，衣饰流畅，腰部以下尤佳，宋代艺术风格浓郁。须弥座的上方，壶门内刻有纹饰图案、伎乐、飞天、盘龙等精美的宋代雕刻。阁内有楼梯可直达顶层，便于人们纵览正定古城风光。正定大铜佛和沧州狮子、定州塔、赵州桥一起被誉为"河北四宝"。

隆兴寺中的最后一个大殿是毗卢殿，建于明万历年间。殿有铜铸多层毗卢佛像。毗卢整体分为三层，每层由四尊铜佛像相连接，三莲花座的每一莲瓣上刻一个小佛，三层共计有大小佛像十几尊。人们称之为"千佛墩"。"千佛墩"上的小佛表情各异，是国内佛教中的珍品。隆兴寺还有一块珍贵的隋碑——龙藏寺碑。

第三节
天津古楼

蓟县独乐寺观音阁

观音阁位于天津市北110千米处蓟县旧城的西大街上,是独乐寺中的主体建筑。

据文献记载,独乐寺观音阁相传始建于唐,重修于辽圣宗统和二年(984年)。之后,宋、元、明、清各代虽对观音阁进行过维修和翻建,但其梁架结构仍然保持着辽代重修时的风貌。

唐代独乐寺观音之阁

观音阁建在一个不大的台基上。外观两层,实为三层,中间一层为暗层。单檐歇山顶。观音阁斗拱硕大,出檐深远,长达3米,而檐面却很平缓。这样的构筑形式,既体现了唐代建筑气势的雄伟,又体现了宋代建筑风格的柔和。阁檐下面挂着一块横匾，上书"观音之阁"四个大字。据说这四个大字还是明代宰相严嵩写的。阁中的高大须弥座上，矗立着一尊十一面观音的彩色泥塑像。这尊泥塑观音菩萨像高 16 米，制作的时间最迟不晚于辽代。因此，它也是我国现存最高、塑造时间最早的一尊泥塑像，堪称我国古代雕塑艺术中的稀世珍宝。

观音阁面宽五间，进深四间，通高 23 米。这座庞大的木结构楼阁，从辽代重修时算起，到今天已经有 1000 多年的历史了，这是我国现存建筑中最早的高层楼阁式木结构建筑物。在这 1000 多年中，观音阁经过了无数次狂风暴雨的袭击，也经受了无数次大小地震的考验，仍旧巍然挺立，是我国古代建筑中的一件珍品。许多古建筑学家们都不得不啧啧称赞。

观音阁的地基是用黄土和灰沙筑成的，非常夯实，并且具有一定的弹性。观音阁的整体结构也非常美观、科学。阁中有立柱两根，外檐柱 18 根，内檐柱 10 根。各层檐柱之间又有梁枋相互连接，构成内外两圈，外圈檐柱构成的外框套着内层檐柱构成的内框。内外两个框架之间有以短横梁相连。这种结构大大增强了观音阁抵御大风及抗震的能力。

天津鼓楼

历史上的天津鼓楼曾是天津卫的"三宗宝"之一，民谚说："天津卫，三宗宝，鼓楼、炮台、铃铛阁。"

天津鼓楼曾两建两拆。明永乐二年（1404 年），天津设卫筑城，到明弘治年间，山东兵备副使刘福将原来的土城固以砖石，并于城中心十字街处建鼓楼。楼高三层，砖城木楼，楼基是砖砌的方形城墩台，四面设拱形穿心门洞，分别与东西南北四个城门相对应。鼓楼城台建有木结构重岩歇山顶楼阁，上层楼内悬大钟一口，重约 2 吨，为铁铸，为唐宋制式。大钟初用以报时，

天津鼓楼

以司晨昏，启毕城门，早晚共敲钟108次。鼓楼北面有清代天津诗人梅小树撰写的一副抱柱联："高敞快登临，看七十二沽往来帆影；繁华谁唤醒，听一百八杵早晚钟声。"

1900年，八国联军侵略天津，第二年天津城墙被迫拆除。由于遭战火之灾，鼓楼日渐颓圮。民国十年（1921年），有拆建鼓楼之议，并于年内完成。重建的鼓楼，用旧城四门楼之名，由天津书法家华世奎重书，镌于鼓楼四门，曰"镇东""安西""定南""拱北"。

1952年11月7日，为贯通道路，鼓楼被拆除。

1994年，天津开始了危陋房屋大片改造工程，作为危改重点的老城厢地区也因此使鼓楼有了重建的机会。鼓楼重建工程于2000年11月25日开工，2001年9月28日竣工。

新建的鼓楼位于天津老城厢中心。重建后的鼓楼宏伟典雅,青砖墙面,白玉栏杆,飞檐斗拱,碧瓦丹楹,油漆彩绘,雕梁画栋。鼓楼及周边的商业街,既是一道亮丽的风景线,也是新的旅游胜地。

重建后的鼓楼体量增大,弥古而不拘古,雅俗共赏。为27米见方,高27米的体量。取"9"的倍数,因为"9"为阳数之极,有吉祥的寓意。鼓楼广场共81平方米。鼓楼主体为钢筋混凝土结构,砖城木楼,须弥基座,木楼外形按明清木作大式,设斗拱和飞檐,做殿式旋子彩画,重檐歇山屋顶。瓦作大式灰色筒瓦屋面,绿琉璃券边,汉白玉栏杆,脊上飞檐走兽。砖城四面作明式七券七伏锅底券拱门,穿心门洞,四拱门上方恢复汉白玉城门石,仍镌刻镇东、安西、定南、拱北字样。新钟的体量增大,高2米,寓意为2000年制作。钟的材料为铜,重达3吨。钟上铭文由冯骥才、张仲撰写,字体为繁体魏碑。

第四节 山西古楼

大同鼓楼

大同鼓楼位于山西省大同市的中轴线上,在南街(永泰街)中段。始建于明代,清代曾多次修缮,是明清楼阁式建筑的典型代表。为山西省重点文

大同鼓楼正面

物保护单位。

据史料记载，明朝的大同，楼阁林立，建筑华丽，东有和阳街的太平楼；西有清远街的钟楼；北有武定街的魁星楼；南有永泰街的鼓楼。可惜这些楼阁大部分都已毁于历代兵火和自然灾害，只有鼓楼幸存了下来。

大同鼓楼是十字歇山顶三层楼阁式建筑，平面近似正方形，面阔、进深各三间。东西长17.65米，南北宽14.55米，高约20米。各层楼檐下均置斗拱，一、二层檐下置一斗二升交麻叶拱，三层檐下为单翘斗拱。每层四面辟门，四周都有回廊，外设凭栏，举目远眺，整个大同城一览无余。

鼓楼建筑独特，造型优美，布局巧妙，令人叹为观止。它典雅古朴，精致秀气，令人流连忘返。1978年，人们对其进行全面加固修缮，并彩绘一新，封闭十字穿心门洞，扩展楼旁马路。1985年又进行了全面彩绘，各种图案生动艳丽，面貌焕然一新，完全恢复了雄伟古朴、整洁壮丽的风貌。

平定娘子关城楼

娘子关位于山西省平定县东北，与县城相距45千米，在历史上具有非常重要的军事战略地位。

现存的娘子关城楼是明代嘉靖二十一年（1542年）修建的遗物。崇祯七年（1634年）再度修葺。1986年大修。1987年，山西省人民政府将娘子关列为省级重点文物保护单位。

娘子关关城，又名"古城堡"，是一座环形的军事防御性建筑，南北长400米，东西宽150米。关城设两座关门，一座为东关门，一座为南关门。我们现在所说的娘子关城楼就是它的南关门城楼，人称"宿将楼"。楼高两层，重檐歇山顶，屋面上铺着青瓦。宿将楼飞檐翘脚，画栋雕梁，背倚青山，下临桃河，雄伟壮观。楼内一层大厅中有一尊平阳公主的彩色塑像，气度不凡。楼下城台为砖石结构，高大结实。在拱形门洞上方嵌有一匾，黑底白字，上书"京畿藩屏"。在城楼上层檐下也悬有一匾，蓝底黑字，上书"天下第九关"。

阳泉娘子关

在南关门城楼北侧的平台上，人们还修有一座小戏楼，建有一座供奉神像的小殿堂，以及一个可以容纳数十人的小广场，立有石碑。这些，都集中体现了娘子关布局的周密细致和玲珑小巧。

蒲州鹳雀楼

鹳雀楼位于山西省永济市蒲州古城西郊的黄河岸边，因有鹳雀栖息其上而得名。鹳雀楼始建于北周，由于楼体壮观，结构奇特，加之前瞻中条山，

鹳雀楼

下瞰黄河，气势雄伟，风景秀丽，唐人留诗者甚多，是唐代河中府著名的风景胜地。鹳雀楼共六层，由于楼体壮观，结构奇巧，加之区位优势，风景秀丽。唐宋之际，文人学士登楼赏景留下了许多不朽的诗篇。沈括所著的《梦溪笔谈》给了鹳雀楼八字评价："前瞻中条，下瞰大河。"千余年间，它对于激励振兴中华民族之志产生了深远影响。"白日依山尽，黄河入海流。欲穷千里目，更上一层楼。"即是唐代著名诗人王之涣留下的千古绝唱。诗以楼作，楼因诗名。700余年来，此楼一直是供人们登高望远、极目山河的胜地，激励着炎黄子孙奋发向上。

元初，鹳雀楼毁于战火。明初时故址尚存，后因黄河泛滥，楼毁景失，数百年来给人留下无限遗憾。

1997年12月，鹳雀楼复建工程破土动工，重新修建的鹳雀楼为钢筋混凝土剪力墙框架结构。复建后的鹳雀楼坐落在近10米高的台基上，外形为四檐三层的仿唐风格，内部共9层，总高近74米，为钢筋混凝土建筑。现在，这座九层高楼在永济市黄河岸边落成。登楼观大河，其势依旧雄伟壮观，引人遐想。

鹳雀楼是山西永济市著名的景观，同时也被称为中国四大名楼之一，以其临江远眺的优越位置和历代文人在此的兴衰感叹而闻名于世，现今的鹳雀楼经过系统重建，有望恢复曾经的辉煌。

鹳雀楼与同在山西省永济市蒲州古城的人文风景胜地的普救寺相隔不远，这两大著名人文景观成为当地的旅游支柱。

知识链接

王之涣与鹳雀楼

王之涣（688—742年），是盛唐时期的著名诗人，字季凌，汉族，绛州（今山西新绛县）人。豪放不羁，常击剑悲歌，其诗多被当时乐工制曲歌唱。名动一时，他常与高适、王昌龄等相唱和，以善于描写边塞风光著称。其代表作有《登鹳雀楼》《凉州词》等。其诗"白日依山尽，黄河入海流。欲穷千里目，更上一层楼"家喻户晓。

王之涣也是在官场上失意后，才确立了他在盛唐诗人中的地位的。他也曾心存经邦济世之志，但毕其一生，始终在官场上郁郁不得志。才做了几天的小官，便遭人诬陷，被罢官去职，从此，踪迹遍及黄河两岸，过了十五年的漫游生活。遥想当年，被罢官后的王之涣，该是先回到了家乡绛郡，在家人的安慰呵护声中抚平了心灵的创伤，才踏上了漫游之途。绛郡是蒲州的下属郡，距州治仅百余里。他只是想去蒲州走走，还是途经蒲州，经过黄河上的浮桥，到京师长安？似已无关紧要，重要的是，他来到了蒲州，看到了城外奔流不息的黄河，看到了矗立在河边的鹳雀楼。这景象会使心情郁闷的王之涣眼前一亮，迫不及待地走上了那座楼。那一刻，太阳正收敛了光辉，渐渐落入对岸的山头，河水滔滔，在落日余晖下奔流南去。诗人在一步步登高，境界在一步步升华，诗情在一步步激扬，终于喷礴而出，一首千古传颂的名作产生了。王之涣不会想到，他的这首诗很快就会被"传乎乐章，布在人口"，黄河岸边的这座楼，会因他的这首小诗从此名扬天下。

万荣东岳庙飞云楼

飞云楼坐落在山西省万荣县的东岳庙内。当地有句名谚："万荣有座飞云楼，半截插在天里头。"可见，这座木结构楼阁式的建筑物，体量是多么高大。每当天气晴朗时，白云缠绕楼身，奇异的楼阁似乎在和彩云一起飘动，遂被人们称为"飞云楼"。又因为它处在万荣县县城所在地解店镇的东南隅，因此也被当地人称为"解店楼"。

飞云楼结构精巧、造型美观，体现了我国古代木结构建筑的发展历程。这座高楼不仅具有很高的审美价值，同时也具有很高的学术价值和历史价值。

飞云楼和它所在的万荣东岳庙究竟始建于何时，历史文献上没有记载，现已无从得知。我们今天所看到的飞云楼是清乾隆十一年（1746年）重建后的遗物。

飞云楼外观三层，还有两个暗层，实为五层。通高23.15米。全楼有32个翼角，山花向外，造型独特、美观。飞云楼虽是清乾隆年间重建的，距今只有250余年的历史，但它却保留着宋、元、明时期的建筑特点，并有所创造和发展。所以，从研究我国古代建筑发展历程的角度上看，飞云楼是我国现存古代建筑中的一宝。

飞云楼建在一个高0.65米的基座上，底面为正方形。据测量得知，地平面的进深和面宽

飞云楼

都是12.25米。楼下层的左右两面筑有墙壁，前后贯通，是一种过街楼式的建筑结构。从底层经二层和三层，有四根通天井口大木柱直达楼顶，周围32个木柱巧妙地联成棋盘状，共同支撑楼体。而在宋、元时期，凡是高层楼阁都是分层修建的。因此，这种通天井口木柱的建筑结构，是对宋、元建筑结构的一个发展。

该楼为木质结构，无论大小接口，均为榫铆套之，没有一个铁钉。这在中国楼阁式建筑中是比较罕见的。飞云楼三层四滴水，十字歇山顶，在抱厦的各层檐下，共有345组斗拱，形态变化多端，极像云朵簇拥，鲜花盛开。各檐翼角起翘，给人以凌空欲飞之感。全楼翘檐翼角共有32个，每个翘角尖上站立着一位身穿盔甲的武士，盔甲明亮、绚丽，更显威武雄壮。各楼角悬挂有风铃，迎风摆动，声音清脆悦耳。

许昌春秋楼

春秋楼位于许昌市文庙前街，面对春秋广场。春秋楼是关帝庙的主体建

春秋楼

筑，现存建筑为清同治九年（1870年）重修，为砖木结构，重檐歇山式，高达30余米，殿顶覆盖绿色琉璃瓦，面阔三间，周围有16根廊柱，楼上、楼下均带回廊，青石柱础上雕有花、鸟、虫、鱼和人物等图案。建筑结构严谨，造型大方，廊轩昂然，金碧辉煌。

春秋楼为该庙的最高建筑。春秋楼与午门、御书楼、崇宁殿等垂直排列，并以矮墙相隔，自成格局。总体设计沿袭"前朝后寝"的古制。楼内有关羽读《春秋》像，故名。《春秋》又名《麟经》，故此阁又名"麟经阁"。两翼有刀楼和印楼，藏有关羽的青龙偃月刀和汉寿亭侯印，东院分前宫、后宫，有二位皇嫂的塑像。院内并有花园、问安亭等。

春秋楼下有石碑两通。一通是明景泰六年（1455年）所立《关王辞曹操之图》石碑，上为关羽辞曹操书原文，下为关羽辞曹图，关羽勒马横刀，大义凛然，正向曹操揖别，图案线条清晰流畅，人物形象栩栩如生。另一通传为唐画圣吴道子所画关公像，为刘宗周翻刻。关羽骑赤兔马，提偃月刀，双眸放光，长髯飘洒，气宇轩昂，威严刚毅，活生生一幅儒将雄风。关羽坐骑昂首挺立，四蹄如柱，环眼尖耳，大有一呼即奔之势，真是威武雄壮。上述两碑文笔俊逸，书法冠绝，刻艺精湛。

楼内东西两侧，各有楼梯三十六级，可供上下。楼身结构奇巧别致，上屋回廊的廊柱，矗立在下层垂莲柱上，垂柱悬空，内设搭牵挑承，外观上给人以楼阁悬空之感。登楼远眺，盐池白似银湖，中条山翠若屏障。庙内古柏参天，藤蔓满树，名花异草，争芳竞艳，风来楼上铃铎齐鸣，极富庙堂之趣。

西南地区古楼

西南地区包括重庆市、云南省、四川省、贵州省、西藏自治区5个省级行政区。该地区山高湖多,所建古楼别有一番风韵。本章主要介绍云贵川三地的几处古代代表性楼阁。

第一节 云南古楼

云南楼阁在历史发展中，受到不同历史时期的政治经济、文化思想、自然环境和地方建筑材料等多方面因素的影响制约。在与不同的文化交流发展中，云南楼阁选择和融合了不同民族文化、宗教文化和建筑文化，体现出多种文化交融并存的结果。云南楼阁还承载着丰富的历史信息、技术信息，是多种艺术的载体，因而具有重要的历史价值、艺术价值和技术价值。

昆明大观楼

大观楼又称近华浦，位于云南省昆明市城西的大观楼公园内，高峙于风景秀美的滇池岸边，是一座远近闻名的古代亭阁式建筑物。

根据历史文献记载，明代以前，现在的昆明大观楼所在的大观楼公园还是一片杂草丛生的湖滩，风景并不十分美丽。清初，人们开始在这里叠山造湖，养花种草，使这里变成了一处风光明媚的园林，由于这里紧靠滇池，离美丽的太华山又不远，而且又地处昆明城的西边，所以人们就把这片园林区称为"西华园"，也叫"进华园"。

第五章　西南地区古楼

大观楼楼阁

从历史文献上看，大观楼始建于清康熙二十九年（1690年）。那时的大观楼只有两层。道光八年（1828年），人们重修了大观楼，并把它从两层增加到了三层。咸丰七年（1857年），大观楼在战火中被毁。时过9年，到了同治五年（1866年），大观楼才又得以重修。时过3年，大观楼的重修工程才宣告结束。这也就是我们今天所看到的大观楼。

大观楼耸立在一个椭圆形小岛的南端。楼高三层，平面为方形，十字攒尖顶，屋面上铺着黄色琉璃瓦。全楼结构精巧，布局和谐美观，是昆明市区一座著名的古代亭阁式建筑。

在大观楼内外，悬挂着许多横匾、对联和诗刻。在三楼内，挂着我国当代文学家郭沫若来此游览后写的《登楼即事》一诗。楼东有一块匾，上书"烟波世界"四个大字；楼西也有一匾，上书"波浪千层"四个大字。

大观楼下是茫茫的滇池。站在大观楼上远眺,金马山、碧鸡山、螳螂川、普渡河、盘龙江尽收眼底,令人倍感心旷神怡。

知识链接

大观楼的长联

大观楼长联是乾隆年间名士孙髯翁登大观楼有感而作。全联如下:

五百里滇池,奔来眼底,披襟岸帻,喜茫茫空阔无边。看:东骧神骏,西翥灵仪,北走蜿蜒,南翔缟素。高人韵士何妨选胜登临。趁蟹屿螺洲,梳裹就风鬟雾鬓;更苹天苇地,点缀些翠羽丹霞,莫孤负:四围香稻,万顷晴沙,九夏芙蓉,三春杨柳。

数千年往事,注到心头,把酒凌虚,叹滚滚英雄谁在?想:汉习楼船,唐标铁柱,宋挥玉斧,元跨革囊。伟烈丰功费尽移山心力。尽珠帘画栋,卷不及暮雨朝云;便断碣残碑,都付与苍烟落照。只赢得:几杵疏钟,半江渔火,两行秋雁,一枕清霜。

大观楼长联气势磅礴。上联写滇池风物,似一篇滇池游记;下联记云南历史,似一篇读史随笔。全联180字,如一篇有声、有色、有情的骈文,妙语如珠,诵之琅琅上口。该联想像丰富,感情充沛,一气呵成,被誉为海内外第一长联,也是全国重点保护文物之一。

孙髯翁的长联大约写于公元1765年,当时官场腐败,民不聊生,诗人完全是有感而发,一气呵成;在写景的同时触景生情,抨击了封建王朝的统治,揭示了封建王朝必然衰亡的规律,埋有清王朝也必然如此的伏笔。

第五章　西南地区古楼

巍山星拱楼

星拱楼是古代巍山城四大街（东街、西街、北街、南街）的交汇点，现已成为国家级历史文化名城——巍山的标志性建筑。

星拱楼，又叫"文笔楼""钟鼓楼"，位于云南大理巍山彝族回族自治县城内，始建于明洪武二十二年（1389年），原为三重檐，后改为二层。现楼为重檐歇山顶，高16米，建于8.5米高的城墙之上，楼南侧悬"雄魁六诏"

云南大理巍山古城

匾额，北侧悬"万里瞻天"。楼巍峨高耸，古朴浑厚，登楼可俯视巍山全城。

星拱楼毁于明末战乱，清代又重建。楼高 11 米，面宽三间，重檐歇山式建筑。下层四周为围廊，上下层檐下均设斗拱，雕刻精美。门窗透雕，四角翘起，看上去古雅华丽，精巧美观。楼上四面悬挂的匾额为："瑞霞华峰""巍霞拥鹤""玉环瓜浦""苍影盘龙"。楼下台基起券洞，东西南北四条街由此交叉通过。登楼四顾，只见古城青砖碧瓦与现代高楼交映生辉，城内人流如潮，一派生机勃勃的景象。

近几年，城建部门将原来的南街、北街、县医院门口的横街、十字街等扩宽，铺成水泥路面。又新修了西新街和东新街等街道，盖了很多楼房，对两座公园进行扩建整修，使古城青春焕发，欣欣向荣。

1994 年 1 月，经国务院批准，巍山定为第三批中国历史文化名城。城外还有巍宝山道观群、圆觉寺、玄龙寺、龙于图山、天摩耶寺等文物景点。

星拱楼由木结构城楼与砖石结构基座两部分组成。基座面阔、进深均为 18.7 米，通高 6.3 米，基座为石砌，四向贯通，门洞作券顶。楼作亭阁式，为重檐歇山顶。面阔、进深均为 9.75 米，楼底层四周设廊，上、下四周皆置七踩斗拱，屋面四翼角飞檐高翘，弧度柔和，加之饰以高空花脊，使得整个建筑的外观秀丽飘逸、玲珑剔透。

楼的上檐北面悬挂"星拱楼"字匾，在下檐的东南西北四面分别悬挂"瑞霭华峰""巍霞拥鹤""玉环瓜浦""苍影盘龙"匾额，绘写了巍山四环的景色。1981 年 4 月，巍山彝族回族自治县人民政府公布其为文物保护单位。

知识链接

巍山拱辰楼

巍山拱辰楼为明代蒙化府北门城楼。始建于明洪武二十二年（1389年），原为三层，据记载：明洪武二十三年扩建的蒙化城："城周回四三分，计九百三十七丈，高二丈三尺二寸，厚二丈，砖垛石墙，垛头一千二百七十有七，垛眼四百三十，建四门，上树谯楼。东曰忠武，南曰迎熏，西曰咸远，北曰拱辰。北楼高三层，可望全川；下环月城，备极坚固，城方如印，中建文笔楼为柄。"永历四年（1650年），北门拱辰楼改建为二层。楼建于高8.5米的砖石城墙上，楼为重檐歇山顶式建筑，由28根合抱大圆柱支撑底层，上层四周用了檐柱，立于下层的梁架上，楼房面宽五间28米，进深17米，高16米。其四翼角出檐长，反翘亦小，一字平脊，楼下为城门洞，连通南北两条街。南面檐下高悬"魁雄六诏"巨匾，为清乾隆三十六年（1771年）蒙化府同知康瓠书。北面檐下有"万里瞻天"巨匾，为乾隆五十年（1785年）蒙化直隶厅同知黄大鹤书，二匾书法气势雄浑。整座城楼高大，俊秀挺拔。1996年进行维修，现保存完好。1988年，大理州人民政府公布为文物重点保护单位。1994年，云南省人民政府公布为省级文物重点保护单位。

建水朝阳楼

朝阳楼位于云南省建水县城中心临安路东端，原名"迎晖门"，也称"东门楼"，始建于明朝洪武二十二年（1389年），至今已有600多年的历史，是祖国边陲古老军事重镇的象征。

唐元和年间，南诏政权在此处修筑土城，明洪武二十年（1387年），设临安卫，在原来土城的基础上扩建成砖城，并在四座城门上各建楼三层，东门叫"迎晖门"（即朝阳楼），南称"阜安门"，西名"清远门"，北名"永贞门"。清顺治四年（1647年），南西北三门均毁于战火，惟东门朝阳楼完好无损。

朝阳楼

第五章　西南地区古楼

朝阳楼城门占地 2312 平方米，城墙从南至北长 77 米，从东至西宽 26 米。城门依地势筑于高岸，楼阁又起于两丈多高用砖石砌筑的门洞之上，楼层高 24.5 米，进深 12.31 米，面阔 26.8 米，五开间，三进间，为三重檐歇山顶。檐角飞翘、画栋雕梁、巍峨挺拔、气势雄伟，有"雄踞南疆八百里，堪称滇府第一楼"的美誉。朝阳楼正面的顶层檐下，东面悬挂清代书法家石屏人涂日卓书写的"雄镇东南"巨匾，"雄镇东南"为清代云南著名的四大榜书之一，也是惟一幸存下来的榜书，每个字大小近 2 米，结构、笔力均冠绝于世，笔力刚劲，极有气魄。西面悬摹唐朝草圣张旭"飞霞流云"狂草榜书，笔法龙飞凤舞，潇洒飘逸。楼上悬一明代大钟，高 2 米多，重 1700 千克，击之，数里外都能听见钟响。檐角挂有铜铃，每当秋风送爽，铃声在清风中清脆悦耳。春、夏交替的时节，万千只筑巢于檐下的紫燕绕楼飞鸣，呢喃之声不绝于耳，一片繁忙景象。城楼上木雕屏门雕镂精细、绮丽华贵，人物形象生动、透雕三层，堪称精品。

朝阳楼用 48 根巨大的木柱支撑，分成六列阵势，每列各有 8 根，中间两列最粗大，直通三楼；其外两列木桩稍细，只通二楼；最外面两列柱围更小，仅支撑一楼屋檐。这种结构法具有强大的抗震性能，故前人有《登东城楼》诗称赞道："形胜据荒陬，翻身近斗牛。东南几属国，今古一高楼。"

600 多年历史的朝阳楼，经历了无数的灾荒战乱，饱受了 50 多次大小地震的颠簸，有几次全城房舍遭到严重损毁，尤其是清光绪十三年（1883 年）十一月初二的大地震。《建水县志》载："每震时地如雷鸣，人民簸荡如载覆，见东城楼倾侧复起数次。"但东门楼却安然无恙。明朝洪武二十五年（1392）铸造的那高 2 米多、具有很高工艺水平的大铜钟，也完好无损地悬挂在古楼大梁上。

1954 年，朝阳楼被列为云南省重点文物保护单位，是人民群众游览以及进行文化活动的中心。朝阳楼内收藏有珍贵历史书画 1 万多册，其中有清朝收藏的八幅名画之一的《十八罗汉图》。

2006年5月25日,朝阳楼作为明代古建筑,被国务院批准列入第六批全国重点文物保护单位名单。

第二节
四川与重庆古楼

绵阳越王楼

越王楼位于四川省绵阳市,始建于唐高宗显庆年间(656—661年)的古越王楼,因时任绵州刺史的唐太宗第八子越王李贞而闻名于世,与黄鹤楼、岳阳楼、滕王阁并称为"唐代四大名楼"。作为中国文化名楼之一的越王楼,规模宏大、富丽堂皇。重建后的越王楼,气势与当年相比毫不逊色:99米的高度目前仍为全国仿古建筑之最;天下诗文收录最丰富,共收录包括李白、杜甫、王勃、陆游等历代大诗人题咏越王楼的诗篇多达154篇,可谓"一座越王楼,半部中国文学史";诗文作者档次最高,除诗仙李白、诗圣杜甫外,还几乎涵盖唐代以后的著名诗坛泰斗,算得上"天下诗文第一楼"。

越王李贞为唐太宗李世民的第八子,虽不是皇后所生的嫡子,但才华出

第五章 西南地区古楼

越王楼

众,先后被封为汉王、越王。越王楼在李贞任绵州刺史时由李贞亲自督建,参考了长安、洛阳诸多王府的营造规划,再根据龟山的地形地貌,依山取势,因势建楼。越王楼的修建先后历时3年,耗银50万两,楼高33.3米。

越王楼于明万历年间重修,后毁于清乾隆初年。其遗址越王台保留至今,已有200余年的历史。

2001年10月24日,越王楼开始重建,于2013年2月2日正式开放。但其间为了保证越王楼所有楼层在2014春节前对外开放,2013年9月29日至2014年1月27日,越王楼除二楼对外开放,其余楼层封闭收尾施工。建成后的越王楼除了将集中展示科技城厚重的历史文化外,还集观光、旅游、商业文化为一体,是一处综合性的商业旅游中心,对发展绵阳文化、旅游产业具有重要意义。

成都崇丽阁

崇丽阁，又名"望江楼"，坐落在四川省成都市东南隅的望江楼公园内，耸立在风景秀丽的锦江岸边。崇丽阁和它旁边的吟诗楼、濯锦楼一起，组成了望江楼公园内的一组著名的古代建筑群。而崇丽阁就是这组古建筑群中的主体建筑，同时也是成都市的一座标志性建筑。

崇丽阁建于清代光绪十五年（1889年），是为纪念唐代著名女诗人薛涛而修建的。薛涛字洪度，原籍长安，后随她的父亲入住成都。薛涛自幼聪明，酷爱诗画，勤奋好学。据说，她八岁的时候就能作诗。之后，她又创作了不少诗歌，并与唐代大诗人元稹、白居易、刘禹锡等都有唱和之作。

成都崇丽阁

全阁共分四层，高30余米。令人称奇的是，崇丽阁的造型非常特殊：下面两层为四方形，上面两层为八角形。整座楼阁的造型既稳重雄壮，又华丽灵巧，将我国古代北方建筑和江南建筑的特点巧妙地融合在一起，非常难得。阁的下部有基石、台阶。红柱、绿瓦、黄脊、鎏金宝顶，使崇丽阁的色彩更加绚丽多彩。

重庆忠州石宝寨层楼

石宝寨层楼是一处巍峨壮观、绚丽灿烂的古代楼阁建筑物。这座楼阁依山而建。它把自然山石与古代建筑巧妙地结合在一起，使自然美景和人造景观浑然一体，结构十分巧妙，自古受人称赞，被誉为"川东胜景"。

石宝寨层楼位于重庆市忠州和万州之间的长江北岸，西距忠州城45千米，东距万州城50千米，水陆交通十分方便。

石宝寨层楼所在的小山，状若方斗，四面如壁，人称"玉印山"。据说，玉印山是远古时期女娲补天后遗留下来的一块五彩石，所以人们把它称为"宝石"。明朝末年，农民起义军领袖谭宏曾在这里据山为寨，从此这里便被

石宝寨层楼

称为"石宝寨",直到今天。

石宝寨层楼大体上可以分为3个部分:寨门、寨身塔楼和山顶古刹。

寨门是一座砖石结构的牌楼式建筑物,高8米。寨门中间高,两边低。寨门上面竖写着三个大字:"小蓬莱"。"小蓬莱"三字之下横写着四个大字:"梯云直上"。寨门两侧的墙壁上,浮雕图案内容丰富,有《双狮戏球》《五龙捧圣》等,形态生动。寨门前有石台阶直通长江边。

寨身塔楼是石宝寨层楼建筑的主体。寨身塔楼高56米,为全木结构。塔楼大体上可分为上、下两个部分。上部三层,修建在玉印山山顶的石台上面。这是人们登高望远、观景赏景的最好场所。下部九层,紧贴山壁而建。由下到上,逐层收缩,状如宝塔。每层均为四角三面,背靠岩石,翘角凌空,流光溢彩。各层的立柱与岩石衔接,并有楼梯盘旋而上。在各层塔楼的石壁上,广泛分布着塑像、画像、碑刻、题记等,内容不同,各具特色。

山顶古刹位于石宝寨层楼顶部的对面,修建在玉印山顶面积约1200平方米的平台之中。这就是明代古刹天子殿。清乾隆时起,这里也被称作"兰若殿"。天子殿是一处砖石结构的三进四合院建筑群,有大门、前殿、正殿、后殿等建筑。大门为牌楼式建筑,上书"绀宇凌霄"四个大字。后殿有一块巨石,人称"米石"。石上有一个杯口大的小孔,人称"流米洞"。

在天子殿之前还有一个石洞,深不见底,人称"鸭子洞"。夏天,鸭子洞口不时冒出冷气,沁人心脾。据说,有人从洞口放进一只鸭子,过一段时间,鸭子便从长江的江心浮出。由此可见,此洞与长江相通。

第三节 贵州古楼

贵阳甲秀楼

甲秀楼坐落在贵州省贵阳市城南的南明河中的万鳌矶石上,始建于明万历二十五年(1598年),后楼毁重建,改名"来凤阁"。清代甲秀楼多次重修,并恢复原名。现存建筑是宣统元年(1909年)重建的。楼上下三层,白石为栏,层层收进,桥面至楼顶高约20米。南明河从楼前流过,汇为涵碧潭。楼侧由石拱"浮玉桥"连接两岸,桥上原有一座小亭,名"涵碧亭",现已拆除。甲秀楼朱梁碧瓦,四周水光山色,名实相符,堪称甲秀。2006年5月25日,甲秀楼作为明代古建筑,被国务院批准列入第六批全国重点文物保护单位名单。

明万历年间(1573～1620年)巡抚江东之于此筑堤联结南岸,并建一楼以培风水,名曰"甲秀",取"科甲挺秀"之意。天启元年(1621年)被焚毁,总督朱燮元重建,更名"来凤阁"。复毁。清康熙二十八年(1689年),巡抚田雯重建,仍用旧名。有浮玉桥衔接两岸。从古到今该楼经历了六次大规模的修葺。历经400年的风吹雨打而仍旧蠹立不倒,是贵阳历史的见证,

甲秀楼

是贵阳文化发展史上的标志。

甲秀楼分为三大部分：第一部分为浮玉桥；第二部分为甲秀楼的主体建筑；第三部分为翠微园。浮玉桥头立有"城南遗迹"石木牌坊，牌坊中央设有"城南遗迹"四个大字，桥上建有"涵碧亭"。主体建筑甲秀楼为三层三檐攒尖顶阁楼，飞甍翘角、石柱托檐、雕栏环护。翠微园是一组由拱南阁、翠微阁、龙门书院组成的明、清古代建筑群。同时新建的贵州少数民族传统服饰陈列院收集了贵州省苗族、侗族、彝族、水族、土家族、布依族等民族的传统服饰、手工刺绣品、民间蜡染数百余件，令人叹为观止。该馆所陈列展示的民族传统服饰和民族工艺品，是贵州少数民族文化艺术的体现，也是贵州各少数民族的骄傲。

贵阳文昌阁

文昌阁原为供奉文昌帝君之所，现为贵阳市文物保护单位。

文昌阁坐落在贵阳市东门城垣上，始建于明万历三十七年（1609年），清康熙八年（1669年）重修，雍正、乾隆、嘉庆、道光时均有维修和扩建。阁高三层，呈九角形，底层平面呈方形，总高为20米，两边设配殿，前有斋房与配殿相连。在建筑上，顶层金柱用楼过梁承托，檐柱下穿二层，作二层金柱；二层檐柱穿至底层，又作底层金柱，如此逐层下放，构成上小下大的稳定形式，各层均有较大空间。此种结构在国内很少见。其外观壮丽，气势雄伟。

文昌阁是一座九角三层宝塔形建筑，平面布局呈四合院形。面阔11.47米，进深11.58米，为三层三檐、不等边九角攒尖顶，各层插拱较多，斗呈曲线，翘角不高，窗花和枋板施有彩绘，其建筑风格颇具地方特色。

2006年5月25日，文昌阁作为明代古建筑，被国务院批准列为第六批全国重点文物保护单位。

贵阳侗寨鼓楼

贵州贵阳侗寨鼓楼雄伟壮观，结构严谨，工艺精湛，是侗族建筑技艺的集中体现。其外形像一座多面体的宝塔。一般高20多米，从一层至顶，全靠16根杉木柱支撑。楼心宽阔平整，约为10平方米，中间用石条砌有大火塘，四周有木栏杆，设有长条木凳，供歇息使用。楼的尖顶处，筑有宝葫芦或千年鹤，象征寨子吉祥平安。楼檐角突出翘起，给人以玲珑雅致、如飞似跃之感。

鼓楼有厅堂式、干栏式、密檐式等多种。无论何种鼓楼，一般都分上、中、下三个部分。上部为顶尖部，用一根长约3米的木柱或铁柱立于顶盖中央，并套上由大到小的5~7颗陶瓷宝珠，使顶尖部呈葫芦形，犹如塔尖，凌空而立。顶盖是绚丽多彩的楼顶，多为伞形。顶盖形状有四角、六角或八角。顶盖下斜面的人字格斗拱，像蜂窝百孔窗，其周围木雕像燕窝垒泥点，工艺

侗寨鼓楼

精巧，造型别致。中部是层层叠楼，形似宝塔楼身。楼檐一般都是六角，也有简便的四角或复杂的八角。每方檐角均为翘角，层层叠叠，重檐而上。从上而下，一层比一层大。楼身以四根粗大、笔直的长杉木为主柱，从地面直通楼顶，极为壮观。楼内或雕塑，或绘画，鱼虫鸟兽，栩栩如生。

　　鼓楼由各村寨群众投工献料，集资筹建，由侗族的能工巧匠自行设计，自行建造。整个建筑没有图纸，数百上千根梁、枋、柱的尺寸全靠在心中计算。这种能工巧匠遍布侗乡，尤以贵州黎平、从江等地为最多。

鼓楼是侗族人民的标志,也是侗族人民团结的象征。每个侗寨至少有一座鼓楼,最多可达四五座。过去,鼓楼都悬挂牛皮长鼓一面,平时村寨里如有重大事情发生或需要通报,即登楼击鼓,召众商议。有的地方发生火灾、匪盗,也击鼓呼救,这样,一寨传一寨,信息很快就能传到深山远寨,鼓声所及,人们闻声而来。所以,侗族人对鼓楼、长鼓特别喜爱。

侗寨

　　侗寨即侗族村落,大多就其地形,依山傍水,整体布局在大致分为平坝型、山麓型、山脊型和山谷型等。一般侗寨由风雨桥、鼓楼、凉亭寨门、吊脚楼、井亭、晾天架、萨殿组成。

　　走过侗寨,如虹飞架的风雨桥横卧溪河,是侗乡的重要交通设施,也是侗民祈福护寨的精神寄托。跨过福桥,是一片郁郁葱葱、古木参天、翠绿如海的风水林,被侗民珍视为龙脉的崇拜图腾物。一条蜿蜒曲折、古朴厚重的青石板路连接侗寨。寨寨都有寨门。走进寨门,扑入眼帘的是鳞次栉比的干栏式吊脚楼。侗寨中央或寨边拔地而起、巍峨壮观的建筑,就是侗寨建筑的独特标志鼓楼,大多侗寨的鼓楼与戏台、芦笙坪三者一体,是村民集会、娱乐、议事的重要场所。完整的侗寨还有萨殿、飞山宫、祖宗庙、文庙、城隍庙等宗教设置。在侗寨建筑中,侗族民居吊脚楼很有特色,它既保留古越人"干栏"式建筑风格,又吸引中原建筑的特点。在严格对称的原则下，各个建筑物之间有机相联，形成多样变化、均衡统一的整体，整个村寨的民居构成了一幅错落有致、紧密相连、豪华大气、天人合一的壮丽画卷。

第六章

西北与东北地区古楼

　　西北地区包括新疆维吾尔自治区、宁夏回族自治区和青海、陕西、甘肃两区三省之地；东北地区包括黑龙江省、吉林省、辽宁省三省。本章择要介绍陕西、甘肃以及辽宁一些具有代表性的古楼建筑。

第一节
陕西古楼

陕西的古楼建筑不但以实物的形态展示着中华民族建筑历史的演变过程，还印刻着中华民族在漫长历史过程中对建筑的理解与追求，以理性的形态影响着后人，为中华古楼的建筑美学思想的萌发与成熟提供着丰富营养，使得我们面对博大精深的中华传统建筑美学思想时，不管是探究哪一方面的内容，都能在陕西的古楼建筑中找到源头，得到印证。

榆林万佛楼

万佛楼位于陕西省榆林市城南大街中心新明楼与南城门之间，始建于清康熙二十七年（1688年）。1916年5月，因庙会失火，殃及顶楼被焚毁。后经本寺僧人周宽（俗名"陶官府"）四处化缘，集资重建。

万佛楼现分三层，底层为巨砖砌筑四面可通街道的四孔拱洞式结构，呈长方形。楼基长29.6米，宽18.4米，高9米。在四通式楼基上，建有两层木结构楼阁。整个建筑分南、北两院。北院紧依南主楼而建。中间为三楹斗拱彩绘、飞檐翘角的观音殿，东西各设有三楹配殿。南院主楼阁为二层，呈长

第六章 西北与东北地区古楼

万佛楼

方形,东西长12.6米,南北宽8.4米,总高9米余。楼东侧设有木楼梯直通顶层。二层主楼全为木结构,上下两层均为斗拱飞檐,四角翘举。顶层明廊回绕,歇山楼顶覆青筒瓦屋脊。主楼东西各是三楹配殿。据载整个万佛楼内曾供有上千个大小不等的佛像,可惜现均已不存。1984年万佛楼经修补后,被辟为榆林县文物陈列馆。

万佛楼每年举办两次庙会:一次是农历六月十九日,为观音成道日,此时会在万佛楼北边搭彩台唱戏;另一次是农历五月二十五,会在万佛楼南边搭彩台唱戏。届时法会盛隆,万民欢腾。

知识链接

北京城也有万佛楼

北京的万佛楼建在北海之内,在极乐世界后,并与极乐世界统称小西天。前为普庆门,为三座黄琉璃瓦顶随墙门。入门南北各有牌坊一座,黄琉璃瓦顶,南面牌坊南向额为"大千轮置",北向额为"满万昙霏",北面牌坊南向额为"聚诸福德",北向额为"现大吉祥"。东西各有一浮图,中为万佛楼,七间,楼高三层,顶层为歇山调大脊,各层皆为黄琉璃瓦绿剪边瓦顶,建于乾隆三十五年(1770年),为庆祝其母孝圣宪皇后六十寿辰而建。而王公大臣纷纷铸佛献寿,统计近万,故而名为"万佛楼"。

西安鼓楼

西安鼓楼是我国现存最大的鼓楼,位于陕西省西安城内西大街北院门的南端,东与钟楼相望。鼓楼始建于明太祖朱元璋洪武十三年(1380年),清康熙三十八年(1699年)和清乾隆五年(1740年)先后两次重修。楼上原有巨鼓一面,每日击鼓报时,故称"鼓楼"。

鼓楼横跨北院门大街之上。鼓楼和钟楼是一对孪生兄弟,相距仅250米,彼此辉映,为古城增色。鼓楼比钟楼早建4年,楼基面积比钟楼楼基大738.55平方米,通高34米,雄杰秀丽不亚于钟楼。古时楼上悬挂一面大鼓,傍晚时击鼓向全城居民报时,故称"鼓楼"。

第六章 西北与东北地区古楼

西安鼓楼

古时击钟报晨，击鼓报暮，因此有"晨钟暮鼓"之称。同时，夜间击鼓以报时，"三鼓"，就是"三更"，"五鼓"就是"五更"，一夜共报5次。明代的西安城周长11.9千米，面积为8.7平方千米，鼓楼地处西安城中部偏西南，为使鼓声能传遍全城，就必须建造高楼，设置大鼓。明、清两代，鼓楼周围大多是陕西行省、西安府署的各级衙门，这些衙门办公和四周的居民生活都离不开鼓声，鼓声也成为当时人们最熟悉的悦耳之声了。李允宽所书写的"声闻于天"的匾额，画龙点睛，说明了鼓楼的实际意义。现在楼内设有楼梯，登临楼上，凭栏便能眺望全城景色。西安鼓楼是城内明、清建筑物的主要标志和代表之一。

西安鼓楼的建筑形式是歇山式重檐三滴水。高台砖基座东西长52.6米，

西安鼓楼之鼓

南北宽38米，高7.7米，南北正中辟有高和宽均为6米的券洞门。鼓楼呈长方形，分上下两层，通体用青砖砌成。第一层楼上置腰檐和平座，第二层楼上覆盖绿琉璃瓦。上下两层面阔各为七间，进深均为三间，四周环有走廊。外檐和平座均饰有青绿彩绘斗拱，使楼的层次更为分明。

登楼的青砖阶楼设在砖台基两侧，在第一层楼的西侧有木楼梯可登临至楼的第二层。在楼的南檐下正中，悬挂有"文武盛地"蓝底金字红边匾额，是陕西巡抚张楷重修此楼竣工后，摹仿乾隆皇帝的"御笔"。

从20世纪50年代开始，人民政府曾多次修缮鼓楼，90年代又贴金描彩，进行了大规模维修，为进一步开发和利用文物资源，促进文化旅游事业的发展，恢复"晨钟暮鼓"，1996年，西安市政府决定重制鼓楼大鼓。重制的大鼓高1.8米，鼓面直径为2.83米，是用整张优质牛皮蒙制而成的。鼓腹直径

第六章 西北与东北地区古楼

为3.43米,重1.5吨。上有泡钉1996个,寓意1996年制,加上4个铜环共2000个,象征公元2000年,催人奋进,跨入21世纪。该鼓声音宏亮、浑厚,重槌之下,十里之外都听得见,是目前中国最大的鼓。在钟楼和鼓楼之间,开辟为钟鼓楼广场,绿草红花点缀其间,造型独特的声光喷泉不时变幻,是古城人民休闲、娱乐的好去处。

西安鼓楼的牌匾

西安鼓楼始建于明洪武十三年(1380年)。乾隆五年(1740年)重修后,相传陕西巡抚张楷模仿乾隆皇帝的"御笔"为鼓楼书写南匾:"文武盛地"四字;北匾"声闻于天"则相传为咸宁学士李允宽所书。南北两幅匾额曾经被誉为两颗"明珠"镶嵌在西安的鼓楼之上,与鼓楼一同饱经风雨的历练。

在鼓楼南北屋檐下,曾分别悬挂着两块匾额,南为"文武盛地",北为"声闻于天",匾长8米,宽3.6米,为蓝底金字木匾。两组八字,均为贴金凸体,字字精练,千古绝笔。"文革"时期,两块巨匾被摘下,砍断并焚烧殆尽。两块牌匾被毁后,不但是对陕西文物的巨大损失,而且也成了所有人心中的缺憾。

西安钟楼

钟楼位于陕西省西安市中心城内东西南北四条大街的交汇处，因楼上悬挂铁钟一口而得名。明洪武十七年（1384 年）初建于今广济街口，万历十年（1582 年）迁建于现址。楼的建筑为重檐窝拱、四角攒顶的形式，共有三层。楼基面积达 1377.64 平方米，通四大街各有门洞。座基四面各宽 35.5 米，高 8.6 米。总高 36 米。钟楼曾遭毁坏，后大规模加以整修，使之恢复了原来的面貌和气派。登楼四望，可鸟瞰西安古城市容。钟楼呈典型的明代建筑艺术风格，重檐斗拱，攒顶高耸，屋檐微翘，华丽庄严。

据说，明太祖朱元璋登基后不久，关中一带连连发生地震，民间相传城下有条暗河，河里有条蛟龙，蛟龙在翻身，长安在震动。朱元璋的心里不踏实，正不知如何是好，道人术士们给他出了一个主意，让他命人在西安的城中心修一座钟楼，钟乃天地之音，可镇住蛟龙。为此，朱元璋专门修了一座全国最大的钟楼，并调来"天下第一名钟"景云钟前来助阵。"景云钟"是唐朝景云年间铸造的，原为长安城内的景龙观（现西安西大街）所用，明初移至西安钟楼。1953 年景云钟移藏至西安碑林博物馆，现陈列于二门里东亭内。西安市文物局仿制了景云钟，1997 年 1 月 30 日将其悬挂于西安钟楼基座的西北角，现对游客开放。仿制的景云钟外观与原钟近似，高 2.45 米，重 6.5 吨，钟裙外径 1.65 米，纹饰、铭文酷似原钟，音质嘹亮雄浑，可与原钟媲美。

钟楼修了，景云钟也挂上了，朱元璋又派他的次儿子朱樉镇守西安，这就是著名的秦藩王，秦藩王的王府就在今天的西安新城。碑林博物馆正门口那两个铜狮子，就是秦藩王王府的东西。

西安钟楼是我国古代遗留下来的众多钟楼中形制最大、保存最完整的一

第六章 西北与东北地区古楼

座。西安是明代的全国军事重镇，西安钟楼无论从建筑规模、历史价值还是艺术价值等各方面衡量，都居全国同类建筑之冠。

在钟楼檐上覆盖有深绿色的琉璃瓦，楼内贴金彩绘，画栋雕梁，顶部有鎏金宝顶，金碧辉煌。以它为中心辐射出东、南、西、北四条大街并分别与明城墙东、南、西、北四门相接。

钟楼高处的宝顶在阳光下熠熠闪光，使这座古建筑更散发出其金碧辉煌的独特魅力。

 知识链接

西安钟楼门扇浮雕上的典故

西安钟楼的门扇槁窗雕楼精美繁复，表现出明清盛行的装饰艺术。每一层的门扇上均有8幅浮雕，每一幅浮雕均蕴含了一个古代典故。第一层北门，自西向东依次为"虬髯客""木兰从军""文姬归汉""吹箫引凤""红叶题诗""班昭读书""博浪沙椎秦""唱筹量沙"。第一层东门，自北向南依次为"长生殿盟誓""连环计""黠鼠夜扰""挂角读书""卞庄刺虎""嫦娥奔月""东坡题壁""李白邀月"。第一层南门，自东向西依次为"文王访贤""伯牙鼓琴""画龙点睛""斩蛇起兵""伯乐相马""柳毅传书""舜耕历山""把桥授书"。第一层西门，自南向北依次为"枕戈待旦""李陵兵困""由基射猿""龙友颂鸡""黄耳传书""孙期放豚""陶侃运砖"。第二层南门，为"八仙过海，各显神通"，自东向西依次为汉钟离、张果老、吕洞宾、曹国舅、铁拐李、蓝采和、韩湘子和何仙姑。第二层北门,为"仙醉酒",自西向东共八依次仍为汉钟离、张果老、吕洞宾、曹国舅、铁拐李、蓝采和、韩湘子和何仙姑。第二层东门,自北向南依为"单刀赴会""击鼓金山""岳母刺字""孟母择邻""子路负米""画荻教子""温娇绝裾""闻鸡起舞"。第二层西门,自南向北依次为"写经换鹅""茂叔爱莲""灞桥折柳""踏雪寻梅""陶潜爱菊""寻隐不遇""孤山放鹤"。

大荔岱祠楼

岱祠楼位于大荔县城东16公里处的朝邑镇大寨子村。村北巷有一座紧闭的大铁门,进门先看到的便是岱祠。岱祠又称东岳庙,只知唐贞观元年(627年)重修,明穆宗隆庆六年(1572年)在岱祠中增建了献殿、香亭、钟鼓楼、东西牌坊、围廊,清时又多次重建,占地总面积为11480平方米。原建筑有山门、中岑楼、东歌楼、西东楼、牌坊、香亭、长春阁、左钟楼、右鼓楼、献殿、坐殿、寝殿等。可惜历经岁月沧桑,增建的建筑大多倾圮,在院中看到断垣残壁、堆堆瓦砾,惟有一座七层砖塔巍然屹立,还有清乾隆六年立的"二祠碑"倒放在一侧。

祠中最雄伟的建筑当为岱祠楼。岱祠楼始建于宋政和八年(1118年),坐落于岱祠正南方,戏楼建造在高2米以上用青砖砌成的台座上,楼身高约17.5米,分作上下两层,是斗拱挑角三重叠檐结构,立有通柱。楼顶和层檐顶面,均覆盖灰色筒瓦,庄严堂皇,巍然凌空,旁镶戏珠游龙,斗拱挑角,雕梁画栋。上层有梯磴楼板,可攀沿而上。下层正面是戏台,台面宽敞,台

第六章　西北与东北地区古楼

岱祠楼

下宽阔的广场长满野草。从戏楼现存的主要构架和形制所表现的营造特点看，完全符合宋代建筑的特点。古有诗赞："岱祠灵活芮城胎，宋代岱楼势壮哉""华原高耸岱祠超，百尺岑楼接紫霄"。历经元、明、清各代，对戏楼斗拱等细作部分进行过修补，但仍未失其原有风格。著名建筑学家梁思成很重视这座戏楼，曾在1934年巡察时拍照并确定为古建筑研究重点对象。

登上岱祠楼放目远望，北面是蜿蜒起伏的铁镰山峦，南面是雄伟峻秀的太华三峰，东面的天边莽莽苍苍，在此处东行5千米就是黄河河堤，河对岸矗立着另一座古老的名楼鹳雀楼。

岱祠楼用作祭祀泰山，故称岱祠楼，也叫岱祠岑楼，俗称东岳庙戏楼。历史上每年祭泰山，都要举行酬神演出。

陕西古戏楼

陕西最早的音乐歌舞与百戏演出是在平面的广场上或室内,到了秦汉,才有了戏台,像汉长安城的平乐观。汉以后许多庙宇都修戏台,戏曲演出由原先的单纯娱人转向既娱人又娱神的阶段。唐代曾出现了慈恩寺、荐福寺、青龙寺戏场。宋元以后的戏台至今在陕西尚存有百余座。明清两代的戏楼就更遍及三秦大地了。

陕西众多的古戏楼,多为秦腔演出活动的重要场所。戏楼的建筑与发展,也见证着秦腔戏曲发展的坎坷历程。戏楼的普及和繁荣也伴随着陕西地方戏的繁荣和发展。从元明时期开始,秦腔随着工商业与城市经济的迅猛发展,不断拥入城市,除利用原寺庙戏楼剧场外,新增设了许多戏棚,这些比较简易的演出场所,后来逐渐发展成为比较固定的戏园子、剧场或剧院。

随着朝代的更替,戏楼已失去了演戏娱乐的功能,逐渐淡出人们的视野。剩下为数不多的戏楼"留守族",依旧向人们诉说当年的繁华。

戏楼记录着一段漫长的艺术辉煌,戏楼曾维系着几十代人的情趣逸乐,作为历史长河中劳动人民创造的物质文明与精神文明,具有丰厚的历史价值和文化价值,至今仍留给人们绵长美好的记忆。当年的戏楼已经风光不再,但作为珍贵的文化遗产,仍在为新的时代增光添彩。

第六章　西北与东北地区古楼

丹凤县花庙戏楼

花庙戏楼为船帮会馆中的戏楼,在丹凤县城的花庙中。紧临丹江是一座牌坊式大门,门上刻着对联:"后元夷受封德昭千古;继夏禹称王福庇九江。"走进大门,穿过一座建筑的底部过道来到院中广场,对面正对明王殿,回望便看见与大门紧连处坐落着一座华美高大的"花戏楼"。

戏楼坐北朝南,高达36米,进深11米,台口8米,主体为砖木结构,雕梁画栋,刻有山川河流、楼台庭院、车马仪仗、舟船码头、鸟兽虫鱼、花草树木、士农工商等。其中人物雕刻更为精巧,有樵夫负薪、耕夫赶牛、农夫

花庙戏楼

挥锄、村姑喂猪、行旅赶车等世风民情画，也有大舜耕田、夏禹治水、牛角挂书、文王访贤、映雪夜读、赤壁夜游等名人典故画；还有营寨对垒、兵戈相见、两军交战等军旅战事画。此外还刻有图案花纹、二龙戏珠、凤凰展翅等，争奇斗妍，五彩缤纷，房上砌有琉璃瓦，每当晨夕光照，明光闪闪，耀人眼目。楼前广场可容纳万余人。可以想见，当年台上丝竹管弦，秦音汉调，台下戏迷云集，看得有滋有味。戏楼是会馆的主要建筑，它集中南北建筑风格之精华，使其具有北方建筑庄重高大的格调，又有南方建筑华丽、细腻的特征。

楹联为花戏楼一大特色。台口楹联为："寻丹江一水，波涌江汉，浪拍集岸，驼驮帮挑，千帆万火，古往今来，会馆是史史为之鉴；看商山白雪，嶝峒嵬崣，四皓桨杆，葡萄香紫，千墅万墘，秦楚辗去，园林作卷卷示人志。"楼顶悬竖匾"秦镜楼"，额坊中部巨大横匾有楷书"和声鸣盛"，两旁竖匾上各垂四组图案，构成一副"谜联"，图案中各有一人或三人，组成故事，自古至今尚无人能破解这副"谜联"，有人从电视专题上看到"谜联"介绍千里迢迢赶至花庙求解，最终仍是未得其解抱憾而归。

知识链接

花戏楼的来历

清末民初，陇海铁路未通之前，丹凤县龙驹寨是湖北、河南、陕西等省的交通要道，水旱码头。东路货物沿长江入汉江，逆丹江而上至龙驹寨，然后由此向西驮运分散至西安、甘肃，北经洛南转运至潼关、山西等地。

第六章 西北与东北地区古楼

龙驹寨曾兴盛一时，有过载行、大钱庄、骡马店等几十家之多，商业行分有黄帮、盐帮、马帮、河南帮、坐地帮、船帮等，每年农历六月初六逢会期间，剥削者运用种种手段蔑视和侮辱船帮。有一年船帮因风雨阻隔，未及洗脚便匆匆到会，其他帮会借机刁难、排斥，激起船帮的义愤，当即邀约所属 500 余船户和搬运工，集资建立起自己的会馆，规定从每运一件货物的报酬中抽三个铜钱，日积月累，积少成多，于清光绪十七年（1891年）修起了这座著名的花庙，又名平浪宫，在规模和雕刻艺术上，都比其他帮会的会馆宏伟、瑰美。戏楼修成后，成为各路船帮的"俱乐部"，每年春节在这里祭祀、聚会、唱戏，大家欢聚一堂，开心地庆贺佳节。平时船队出行时，也先到这里求神祈福，盼望风平浪静，岁岁平安。而今，马帮会馆等其他会馆在丹凤早已渺无踪迹了，只有船帮会馆风采依旧。

榆林鼓楼

1986 年被国务院命名为中国历史文化名城的榆林城，其重要标志就是"北台南塔中古城，六楼骑街天下名"的明清建筑古迹。"北台南塔"是指城北的"长城第一台"——镇北台和城南的凌霄塔。

"六楼"指坐落于城内大街，有"一串珠"之称的古楼阁：文昌阁、万佛楼、新明楼、钟楼、凯歌楼和鼓楼。城南的凌霄塔、城北的镇北台与骑街六楼位于同一轴线，被誉为"榆林城的脊柱"。这种独特的历史格局，在全国

榆林鼓楼

历史文化名城中是独一无二的。

其中，鼓楼东与钟楼隔广场相望。现为全国重点文物保护单位。鼓楼建于明洪武十三年（1380年），清代曾两次修葺。楼上原有一面巨鼓，傍晚击鼓报时，故名"鼓楼"。鼓楼系古典建筑，基座为长方形，用青砖砌成，楼高33米，面积为1924平方米。楼基正中辟有南北券门洞，连通北院门和西大街。建筑结构采用重檐三滴水式与歇山琉璃瓦顶形式，与钟楼相辉映，楼内有梯可上，登至二楼，凭栏可眺望终南山与全城景观。

为了恢复"南塔北台，六楼骑街"的历史文化名城风貌，增加古城榆林的文化内涵，发展旅游业，榆林市先后投入上亿元资金维修了三座被毁坏的楼阁，新建了鼓楼、凯歌楼、文昌阁三座楼，并把六楼下的大街建设成为保存历史风貌、古色古香的步行街。

目前，"六楼"修复工程基本竣工，步行街用石板铺就。站在城南凌霄塔的第13层上，"六楼骑街"的雄姿尽收眼底，再加上步行街两边保存较完整的明清民居,与远处现代化的高楼大厦相辉映,新老榆林城的发展变迁一览无余,让人回味无穷。

汉中望江楼

望江楼始建于南宋,现位于陕西省汉中市中心的古汉台北端。宋代的王象之在《舆地纪胜》中记府署东北隅有"天汉楼",即望江楼的初称。望江楼高约 17.5 米,登楼可以眺望汉中市全貌,此楼历代多有损毁,现存为民国四年(1915 年)重建。望江楼是一座八角宝塔形建筑,分三层。从正面可见一副对联:"汉水东流几千里,秦云北望第一楼。"

物换景移,几经兴衰,如今的望江楼,更给人一种庄严隆重之感,它以

汉中望江楼

其别致的造型,巍巍的风姿,早已成为汉中古城的标志性建筑。登楼远眺,四面云山,如展画卷;俯视城区,楼台林立;环顾庭院,古树修篁,花木掩映。登此楼,使人心旷神怡,追往抚今,感慨万千。望江楼的周围建有桂荫堂、镜吾池、洗心亭等古建筑,楼东侧的石马,风格古朴,是人们评论三国蜀将魏延千秋的幸存之物。亭阁内造型精美的铜钟,是明代汉中瑞王府的遗物。

我国很多地方临江都建有或高或低的阁楼,这种阁楼临江而立,登楼即可眺望江流,因此大都被俗称为"望江楼"。如四川省成都市望江楼、黑龙江省齐齐哈尔市望江楼、江苏省南京市望江楼、江苏泰州市望江楼。

知识链接

西安南城门楼

楼始建于明太祖洪武三年(1370年),是由长兴侯耿炳文、都指挥使仆英主持修建的。坐落在我国著名的历史文化名城、陕西省省会西安古城的南城门之上。它是由城楼、箭楼和阙楼组成的一组古代建筑群。城楼又被叫做"正楼"。阙楼又被叫做"闸楼"。这座城门楼和西安古城墙以及其他三座城门楼一起,组成了一个严密的军事防御体系,体现了我国中世纪城堡建筑的高超水平,展示了我国古代建筑和民族传统文化的灿烂和辉煌。现在,西安城门楼和古城墙构成了一座气势宏大的环城公园,不断吸引着中外游客前来参观。

第六章 西北与东北地区古楼

在南城门上，开有一座拱券式的门洞，洞宽6米。在门洞上面修有一座城楼。这便是正楼。城楼宽七间，长40米，分上、下两层，为重檐歇山式屋顶。在正楼的中部筑有腰檐。在正楼的四周还修有外廊。整座城楼，高大雄伟，气势宏大。

1961年，国务院已把西安城门楼和古城墙一起列为全国重点文物保护单位。现在，我国政府又把古城西安列入了全国历史文化名录。目前，西安城门楼、古城墙已经成为中外游人参观游览的一个重点。

第二节 甘肃古楼

张掖镇远楼

镇远楼，俗称"鼓楼"，又名"靖远楼"，位于甘肃省张掖市中心，东西南北四条大街交汇于此，是河西走廊现存最大的鼓楼。该楼建在一座砖包的

镇远楼

高台上，台基宽 32 米，高 9 米，基座至楼顶高 30 多米。楼为三层木结构塔形，飞檐翘角，雕梁画栋，结构精巧，造型雄伟壮观。楼下有十字洞通向东西南北与四条大街衔接。楼上四面悬有匾额：东为"金城春雨"，西为"玉关晓月"，南为"祁连晴雪"，北为"居延古牧"。

  镇远楼仿西安钟楼建造，平面呈方形，建在一座砖砌的坛上。镇远楼于明正德二年（1507 年）由都御史才宽负责兴建，清康熙、乾隆、光绪年间曾数次维修。楼东南角悬有唐代铜钟一口，铸造工艺精湛，形体浑厚雄伟，钟的外壁略呈黄色，又带铁青色。钟高 1.3 米，直径为 1.15 米，重 600 千克，上细下粗，略呈喇叭口形，下口六耳。钟身有三层图案，每层六格。上层其中三格为飞天。飞天头戴花冠、袒上身、下着裙、赤脚、手捧花束，形象优美，颇似敦煌莫高窟壁画中飞天的风格。中层也是六格，其中三格是朱雀、玄武。朱雀是长颈、长腿、长尾、展翅；玄武是长嘴、长尾、展翅，作奔走

第六章 西北与东北地区古楼

状,下层为六格,其中三格为青龙白虎。这口大钟铸造用合金;六分其金,而锡居一,它既能承受重击,又能产生宏亮的声音,钟声可传至金城的各个角落。此钟古代多用来报时或火灾报警。楼上北侧树立重修甘州吊桥及镇远楼碑一块,至今保存完整。

永昌钟鼓楼

永昌钟鼓楼,又名"声教楼",位于甘肃省金昌市永昌县城中四街交汇之处。建于明神宗万历十五年(1587年),距今近400年。东西宽22米,南北长23米。分楼阁和楼台两部分。台基边宽22米,高7.2米,通高24.5米;楼阁重檐庑殿顶共二层三檐,下层面宽三间,进深三间,四面置格扇门,门左右置槛窗,斗拱为双翘无昂,共五踩,卷刹弧线。上层屋檐及檐柱向内紧

永昌钟鼓楼

收，面阔仍同下层。最上层为屋顶，上置宝顶。楼台以夯土板筑，四周包砖，两道拱门纵横其中，通达四街。楼体四面各悬三块巨匾，匾文为"丽日摩云""民淳俗美""金阙迎恩"（东上、中、下）；"文运天开""魁壁联辉""云锦天香"（南上、中、下）；"中天一柱""怀柔西域""玉关通道"（西上、中、下）；"声闻四达""保障金川""威宣沙漠"（北上、中、下）。台基拱门上镌有：东"大观"，南"迎熏"，西"宁远"，北"镇朔"。一层楼台上置大铁钟一口，内置大鼓一面。整个建筑结构谨严，造艺精湛，高耸挺拔，雄伟壮观。2006年被国务院公布为第六批国家重点保护单位。

钟鼓楼曾多次维修。清顺治时参将郑续善补修。乾隆三十二年（1767年），知县白钟麟动员乡里大事修缮。民国十六年（1927年）大地震后，楼体倾斜下陷，部分构件断裂脱卯，楼顶层层渗漏，有倒塌的危险。中华人民共和国成立后，曾经几次维修，1981年，甘肃省人民政府公布其为省级文物保护单位。1984年，中共永昌县委，县人民政府报经省、市人民政府批准，对钟鼓楼进行了落架重修，1984年6月24日动工，1986年6月底竣工。维修坚持修旧如旧，保持原样。1994年，县政府拨款5万元，对永昌钟鼓楼一层木件重新油漆彩绘。2000年，县政府拨款对钟鼓楼一楼地面进行了防渗水技术处理。2002年，县政府拨款对钟鼓楼四面门洞加固了不锈钢金属围栏，有效地保护了钟鼓楼的外围安全。

永昌钟鼓楼内置钟、鼓，晨钟暮鼓，声闻四达，藉以振兴文教，教化民众，是永昌历史文化的象征。整个建筑结构严谨，雄伟壮观，是河西走廊重要的古建筑之一，是研究明、清以来古代建筑艺术的重要实物资料。

嘉峪关城楼

甘肃嘉峪关城楼位于河西走廊中部，在嘉峪关市区西南6千米处，位于

第六章 西北与东北地区古楼

嘉峪关最狭窄的山谷中部，地势最高的嘉峪山上，城关两翼的城墙横穿沙漠戈壁，向北8千米连黑山悬壁长城，向南7千米，接天下第一墩，是明代万里长城西端的主宰，自古为河西第一隘口。

汉代修建的万里长城从这里经过。闻名世界的中国古代东西交通干道"丝绸之路"也从这里经过。自古以来，这里就是兵家必争的交通和军事要地。

关城始建于明洪武五年（1372年），从初建到筑成一座完整的关隘，经历了168年（1372—1539年）的时间，是明代长城沿线九镇所辖千余个关隘中最雄险的一座，至今保存完好。1961年3月被国务院列为全国第一批重点文物保护单位。因地势险要，建筑雄伟而有"天下雄关""连陲锁阴"之称。

嘉峪关城楼

嘉峪关由内城、外城、城壕三道防线形成重叠并守之势，壁垒森严，与长城连为一体，形成五里一燧，十里一墩，三十里一堡，一百里一城的军事防御体系。现在关城以内城为主，周长 640 米，面积为 2.5 万平方米，城高 10.7 米，以黄土夯筑而成，西侧以砖包墙，雄伟坚固。内城开东、西两门，东为"光化门"，意为紫气东升，光华普照；西为"柔远门"，意为以怀柔而致远，安定西陲。门台上建有三层歇山顶式建筑。东西门各有一瓮城围护，西门外有一罗城，与外城南北墙相连，有"嘉峪关"门通往关外，上建嘉峪关楼。嘉峪关内城墙上还建有箭楼、敌楼、角楼、阁楼、闸门楼共十四座，关城内建有游击将军府、井亭、文昌阁，东门外建有关帝庙、牌楼、戏楼等。整个建筑布局精巧，气势雄浑，与远隔万里的"天下第一关"山海关遥相呼应。

第三节 辽宁古楼

沈阳故宫文溯阁

沈阳故宫院内的文溯阁之所以名扬四海，不仅仅因为它的建筑别具一格，而且因为它是闻名于世的《四库全书》的珍藏之所，也是建在宫廷中最大的一所图书馆。

第六章 西北与东北地区古楼

文溯阁位于辽宁沈阳故宫之西,修建于乾隆四十七年(1782年),专为存放《文溯阁四库全书》,另有《古今图书集成》存于阁内。据说,文溯阁是七阁中藏书最完整而散失较早的一阁,1966年10月,为妥善保存这套《四库全书》,国家有关部门决定将其调至气候干燥、冷热适宜的兰州,由甘肃省图书馆保管。

文溯阁是沈阳故宫西路的主体建筑,建筑形式仿照浙江宁波的天一阁,面阔六间,二楼三层重檐硬山式,前后出廊,上边盖黑色琉璃瓦加绿剪边,前后廊檐柱都装饰有绿色的地仗。所有的门、窗、柱都被漆成绿色,外檐彩画也以蓝、绿、白相间的冷色调为主,这与其他宫殿以红金为主的外檐彩饰迥然不同。其彩绘题材也不同宫殿中常见的行龙飞凤,而是以"白马献书""翰墨卷册"等与藏书楼功用相谐的图案,给人以古雅清新之感。采用黑色琉

沈阳故宫文溯阁

璃瓦为顶，主要是为了使整座建筑外观风格相统一。

文溯阁后面，有抄手殿廊连接着仰熙斋，斋后为九间房，其中有芍药园、梧桐院等，这是乾隆皇帝"东巡"时的读书之所。纵观整个西路格局，院落层次清晰，套院相接而不乱，花草树木点缀其间，的确是读书作画的理想"仙界"。

沈阳故宫凤凰楼

凤凰楼，又名"翔凤楼"，位于沈阳故宫崇政殿北首，是清宁宫的门楼，也是当时盛京（今沈阳）城内最高的建筑物。

凤凰楼建于天聪元年（1627年），共有三层，建造在4米高的青砖台基

沈阳故宫凤凰楼

第六章 西北与东北地区古楼

上，三滴水歇山式围廊，顶铺黄琉璃瓦，镶绿剪边。此楼为盛京最高建筑，故有《盛京八景》之一"凤楼晓日""凤楼观塔"等名称。凤凰楼上藏有乾隆御笔亲题的"紫气东来"匾。

作为沈阳故宫建筑群主体之一的凤凰楼，至今仍保存着总面积为1270.65平方米的古代彩绘，其中凤凰楼外檐彩绘以贴金绘制行龙、升龙、降龙等为主题，以青绿色调为主体；内檐彩绘为苏式彩绘，以大红为底色。整个彩绘富丽堂皇，极富皇家气派。

知识链接

宁夏银川南薰楼

南薰楼，又名"南门楼"，位于宁夏银川城东南的南环东路与中山南街的交叉口上，坐北朝南，面临广场。南薰楼通高27.5米；砖包台基高7米，长88米，宽24.5米。台基正中壁有一南北向拱形门洞。台基北面门洞两侧有相互对称的台阶，可登此而上。在高大的台座中央，建有歇山顶重檐二层楼阁，高20.5米，四面花窗，廊檐彩画，绚丽夺目。楼阁内设有木梯可登楼远眺。整个建筑结构严谨，规模雄壮。

南薰楼的始建年代不详，相传为公元1020年西夏党项族首领李德明将都城从灵州（今灵武）迁至怀远（今银川）时，遂大兴宫室，在扩建城池时建造。明洪武年间重修宁夏卫城时，就有"南曰南薰，上建南薰城"的记载。清乾隆三年（1739年）当地发生大地震，府城尽毁，城楼也坍塌了。

乾隆五年（1741年）重建此楼，有"南楼秋色"一景闻名。清宣统三年（1911年），南薰楼毁于战火，民国初年再次修复。

20世纪50年代以来，南薰楼经过多次整修，开辟成南门广场，成为群众集会的场所。因其建筑与北京天安门有些相似，所以人们又称它为"小天安门"。

1953年，人民政府拆除了南薰楼东西两侧的城墙，开辟了南门广场。1979年在门楼两侧修筑观礼台，南北种植花草树木。南薰楼经过多次修缮后，在周围现代建筑物的烘托下，显得更加宏伟壮观。1985年被列为银川市文物保护单位。

图片授权

全景网

壹图网

中华图片库

林静文化摄影部

敬　启

本书图片的编选，参阅了一些网站和公共图库。由于联系上的困难，我们与部分入选图片的作者未能取得联系，谨致深深的歉意。敬请图片原作者见到本书后，及时与我们联系，以便我们按国家有关规定支付稿酬并赠送样书。

联系邮箱：932389463@qq.com

参考书目

1. 杨克泉．中华名楼经典对联荟萃．北京：金盾出版社．2013
2. 万艳华．荆楚名楼揽胜．武汉：武汉出版社．2012
3. 张义忠．中国古代建筑艺术鉴赏．北京：中国电力出版社．2012
4. 谢宇．结构奇巧的楼阁建筑．天津：天津科技出版社．2012
5. 罗哲文．柴福善．中华名楼大观．北京：机械工业出版社．2011
6. 贾洪．中国古代建筑．天津：南开大学出版社．2010
7. 萧默．营造之道：古代建筑．北京：生活．读书．新知三联书店．2008
8. 罗哲文等．中国名楼．天津：百花文艺出版社．2007
9. 孙建华．漫步古塔名楼．北京：中国社会科学出版社．2005
10. 马晓．中国古代木楼阁．北京：中华书局．2007
11. 何兆兴．老楼阁．北京：人民美术出版社．2003

中国传统风俗文化丛书

一、古代人物系列（9本）
1. 中国古代乞丐
2. 中国古代道士
3. 中国古代名帝
4. 中国古代名将
5. 中国古代名相
6. 中国古代文人
7. 中国古代高僧
8. 中国古代太监
9. 中国古代侠士

二、古代民俗系列（8本）
1. 中国古代民俗
2. 中国古代玩具
3. 中国古代服饰
4. 中国古代丧葬
5. 中国古代节日
6. 中国古代面具
7. 中国古代祭祀
8. 中国古代剪纸

三、古代收藏系列（16本）
1. 中国古代金银器
2. 中国古代漆器
3. 中国古代藏书
4. 中国古代石雕
5. 中国古代雕刻
6. 中国古代书法
7. 中国古代木雕
8. 中国古代玉器
9. 中国古代青铜器
10. 中国古代瓷器
11. 中国古代钱币
12. 中国古代酒具
13. 中国古代家具
14. 中国古代陶器
15. 中国古代年画
16. 中国古代砖雕

四、古代建筑系列（12本）
1. 中国古代建筑
2. 中国古代城墙
3. 中国古代陵墓
4. 中国古代砖瓦
5. 中国古代桥梁
6. 中国古塔
7. 中国古镇
8. 中国古代楼阁
9. 中国古都
10. 中国古代长城
11. 中国古代宫殿
12. 中国古代寺庙

五、古代科学技术系列（14本）
1. 中国古代科技
2. 中国古代农业
3. 中国古代水利
4. 中国古代医学
5. 中国古代版画
6. 中国古代养殖
7. 中国古代船舶
8. 中国古代兵器
9. 中国古代纺织与印染
10. 中国古代农具
11. 中国古代园艺
12. 中国古代天文历法
13. 中国古代印刷
14. 中国古代地理

六、古代政治经济制度系列（13本）
1. 中国古代经济
2. 中国古代科举
3. 中国古代邮驿
4. 中国古代赋税
5. 中国古代关隘
6. 中国古代交通
7. 中国古代商号
8. 中国古代官制
9. 中国古代航海
10. 中国古代贸易
11. 中国古代军队
12. 中国古代法律
13. 中国古代战争

七、古代文化系列（17本）
1. 中国古代婚姻
2. 中国古代武术
3. 中国古代城市
4. 中国古代教育
5. 中国古代家训
6. 中国古代书院
7. 中国古代典籍
8. 中国古代石窟
9. 中国古代战场
10. 中国古代礼仪
11. 中国古村落
12. 中国古代体育
13. 中国古代姓氏
14. 中国古代文房四宝
15. 中国古代饮食
16. 中国古代娱乐
17. 中国古代兵书

八、古代艺术系列（11本）
1. 中国古代艺术
2. 中国古代戏曲
3. 中国古代绘画
4. 中国古代音乐
5. 中国古代文学
6. 中国古代乐器
7. 中国古代刺绣
8. 中国古代碑刻
9. 中国古代舞蹈
10. 中国古代篆刻
11. 中国古代杂技